阿蘇神社

熊本地震からの復旧に見るその姿

みなさまのご支援に心から感謝

阿蘇神社宮司　阿蘇惟邑

平成28年4月に発生した熊本地震は、観測史上はじめて2度の震度7を記録した未曾有の大地震でした。地震は多くの人々を困窮させ、阿蘇神社にも甚大な被害をもたらしました。被災後しばらく心を痛める日々が続きましたが、そうしたなか全国各地の皆様から温かい励ましのお言葉と多大なご支援をお寄せいただいたことで、これまで前向きに災害復旧事業に取り組むことができました。お陰をもちまして、このたび阿蘇神社の災害復旧を無事に終えることができました。皆様には長きにわたり物心両面にご支援ご協力いただきましたこと、感謝に堪えません。その御厚情に深く御礼を申し上げます。

阿蘇神社は阿蘇山火口をご神体とし、肥後国の守り神として信仰をあつめてきた古社です。社記によれば、創建は孝霊天皇9年（紀元前282年）とされています。二千年以上の長い歴史のなかで、これまで自然災害や人災などで社殿が困難に見舞われた記録が残っていますが、先人の努力により幾度となく復興されてきました。

このたびの熊本地震で被災したのは、天保11（1840）年から嘉永3（1850）年に竣工した一の神殿・二の神殿・三の神殿・楼門・神幸門・還御門の6棟で、平成19年に国の重要文化財の指定を受けたものです。なかでも倒壊した楼門は、九州最大の規模を誇り、阿蘇神社のシンボルとして広く人々に親しまれてまいりました。

重要文化財6棟の復旧は、国・熊本県・阿蘇市の補助事業として進められました。第1期工事（平成28年度〜30年度）では、神殿3棟と神幸門・還御門の部分解体修理、倒壊した楼門の解体工事を実施しました。第2期工事（令和元年度〜令和5年度）

では、楼門の組立に特化した工事となりました。結果として、部材の約7割を再利用するとともに、構造補強により耐震性が向上しています。その復旧は技術的にも困難を極めましたが、関係者のご尽力により復旧を成し遂げることが出来ました。

並行した重要文化財以外の社殿復旧については、公的支援を受けにくいため当初は大きな課題となっていましたが、税制優遇の特例措置を活用するなどして、こちらも完遂することが出来ました。なかでも熊本県産材を使用した拝殿の再建事業では、地元阿蘇中央高校様からもご寄贈いただきました。学校演習林の小さな苗木は、時に風雨にさらされ、成長するまでに幾度となく困難に立ち向かいます。先人たちの手で何十年も大切に育てられ、やがて多くの方々の思いと共に一本の太い幹に成長します。そうして受け継がれてきた木々を拝殿の再建に使用させていただいたことは、神社の存在を考える上でも大変感慨深く、復興への思いを強く実感しました次第です。

神社は心のよりどころとして、古くから広く皆様に大切に守られてまいりました。そうした思いが込められ復興を遂げた社殿を前にすると、身の引き締まる思いが致します。これまでの災害復旧の歩みが、微力ながら後世のお役に立てばと考え、このたび熊日出版様に記録誌刊行を相談させていただきました次第です。

最後となりましたが、当神社の災害復旧事業にご指導ご協力をいただきました文化庁をはじめ、熊本県、阿蘇市、工事関係者の各位、温かいご支援ご協力をいただきました全ての皆様に心より敬意を表しますとともに、ここに深く感謝を申し上げます。

心のふるさと 阿蘇神社

阿蘇神社氏子会 会長　小代勝久

阿蘇神社のシンボルである楼門の復旧「竣功祭」が、令和5年12月7日に執り行われました。これにより、被災した主な社殿等の復旧が完了することができました。阿蘇神社氏子の代表として、力強い支援をいただいた地域のみなさまをはじめ、国、熊本県、阿蘇市、そして施工を担当していただいた方々や全国から支援していただいた方々への感謝の気持ちでいっぱいです。

楼門が倒壊したことを知ったのは、熊本地震の翌朝でした。大きな揺れで自宅も被害を受けました。氏子会副会長の岩下正治氏からの電話で阿蘇神社の楼門、拝殿が倒壊したと知らされ、すぐに現場に駆け付けましたが、正直なところ「これは大変なことになった。この世には神と仏もおられないのだろうか」と、悲しい気持ちになったことを覚えています。

しかし、時間が経つにつれて、阿蘇神社氏子や地元の方々の田畑や自宅が、大きな被害を受けたとか生活に支障があるとかの情報が耳に入りませんでした。私は「これは阿蘇神社が地震の被害を一手に引き受けて、我々に被害が及ばないようにしていただいたおかげに違いない。この世に神も仏もおられないのだろうか」と感じたのは間違っていたと考えました。氏子のみなさんからも「阿蘇神社の大神様が守っていただいた」という声を聞きました。

私自身、人生の中で阿蘇神社とはさまざまな関わりを持ってきました。毎年3月に執り行われる「田作祭」の「御前迎え」では、神様の結婚式があり姫君が阿蘇市赤水の吉松宮で御神体に魂を入れた後、阿蘇神社までの道すがら立ち寄る「御旅所」があります。その時、私たちの地域にある3軒の小代家が輪番で姫君をお迎えする「化粧の儀」を執り行います。

私が子どものころは、学校からの帰りには楼門の前で遊んだりすることもあり、阿蘇神社は私たちにとって大変身近な存在でした。20歳代では現在の宮司の祖父にあたる阿蘇惟友さんから声がかかり「氏子青年」という組織で奉仕活動に参加、50歳代以降は「警護団」や「氏子会」、「奉賛会」などで阿蘇神社との絆を結んできました。そのなかで、阿蘇神社は阿蘇の人々にとって非常に大切な心の中の宝物、心のよりどころだということを実感してきました。私自身も、阿蘇神社との関わりを通じて人として成長することができたのではないかと思っております。

なお、今回の復旧工事に際し、楼門については国の重要文化財ということで、なるべく以前からの材料を使って修理をすることになり、そのための「修理委員会」を立ち上げることとなりました。委員会に対しては各方面から「楼門の状況はどうですか」「修復はどこまで進みましたか」など、お問い合せや激励の言葉を数多くいただき、それだけみなさんから関心を持っていただいていたことを実感しました。

また、「竣功祭」においても「安心した」「おめでとう」という言葉がたくさん返ってきました。復旧した楼門などの姿を見るたびに、感謝の念でいっぱいになります。なかでも現場の大工さんたち、それに協力していただいた地元の大工さんたちの努力には本当に頭の下がる思いです。今後も、大事な心のふるさとである阿蘇神社を、氏子を中心にしっかりと守り続けていきたいと思っております。

ご挨拶 ── Message

Contents

- ご挨拶　阿蘇神社宮司　阿蘇惟邑
- ご挨拶　阿蘇神社氏子会会長　小代勝久

阿蘇神社の歴史

08 • 阿蘇神社の時空間
　　　　阿蘇の開拓神話／ご神体の阿蘇山火口／阿蘇大宮司と阿蘇神社

11 • 阿蘇神社の役割とは何か
　　　　阿蘇神社の性格／年中行事の特色／火口祭祀／農耕祭祀／火口祭祀
　　　　と農耕祭祀の関係

15 • 自然災害と阿蘇神社の火口祭祀
　　　　阿蘇地域（阿蘇谷）を襲った自然災害／火口祭祀の意味／前近代の火口
　　　　祭祀

20 • 神社景観の変遷1　変化してきた阿蘇神社の景観　中世・近世
　　　　「肥後国一の宮」中世阿蘇神社の景観／「仮殿」とされた社殿（天文23年
　　　　～天保6年）

22 • 神社景観の変遷2　阿蘇神社を刷新した熊本藩の大造営
　　　　現在の社殿群（重要文化財6棟）／「仮殿」という時代認識／熊本藩に
　　　　よる大造営事業の展開とその意義／大工視点の造営史－解体修理で
　　　　みえた舞台裏－／技量抜群の大工棟梁「水民元吉」（1815～1887）

28 • 修理工事こぼれ話1　　楼門の輪郭

34 • 神社景観の変遷3　近代に建築された社殿群
　　　　災害復旧における近代社殿の取り扱い／神社景観が変化した近代／
　　　　境内拡張で建築された斎館と神饌所（大正3年から昭和3年）／戦時
　　　　体制で苦悩した拝殿・翼廊の建設（昭和8年から昭和23年）

熊本地震における被害の状況

38 • 熊本地震（本震）で被害を受けた阿蘇神社

43 • 時代超え地域見守る存在　熊本日日新聞社　岡本幸浩

48 • 関係者インタビュー1　映像作家　中島昌彦さん

50 • 修理工事こぼれ話2　神殿・楼門造営に関わった職人さん

災害復旧事業スケジュール

54 • 阿蘇神社災害復旧事業の概要

　　　国・熊本県・阿蘇市の補助事業／指定寄附金事業／その他復旧再建

　　　事業／阿蘇神社災害復旧工事の経過

58 • 重要文化財6棟の評価と熊本地震による被害

　　　元吉とその流派／指定説明からの抜粋／「町在」と墨書／元吉の技量

　　　／元吉の創意工夫／熊本地震による被害／楼門が倒壊した原因／

　　　創意工夫箇所の被害

65 • 保存修理工事の特色

　　　はじめに／文化財建造物と修理／文建協とは／災害復旧事業の経緯／

　　　倒壊した二つの建物／通常の解体前の調査／倒壊前の写真の公募／

　　　倒壊してから始まった修理／解体の手順と手間／素屋根の建替え／遷座、

　　　朝拝、お祭り、見学会など／最後に

71 • 神殿3棟と神幸門・還御門の修理工事

　　　はじめに／一の神殿の修理／二の神殿の修理／三の神殿の修理／神幸

　　　門の修理／還御門の修理／最後に

84 • 修理工事こぼれ話3　阿蘇神社に残る江戸時代の棟札

88 • 楼門の修理工事

　　　はじめに／解体と回収と救出／修理のための調査／耐震補強の検討／

　　　補修と再用率／工事発注と業者選定／楼門の組立／最後に

102 • 関係者インタビュー2　公益財団法人文化財建造物保存技術協会
　　　大川畑博文さん

104 • 関係者インタビュー3　清水建設株式会社　寺坂勝利さん

藤田社寺建設株式会社棟梁（当時）　與那原幸信さん

藤田社寺建設株式会社　内田祐汰さん

106 • 斎館の修理と拝殿の再建

国家が神社を管理した時代に建設・設計された近代社殿の災害復旧を
どうするのか／未指定ながら文化財的価値に配慮した斎館の復旧／拝殿
の災害復旧－倒壊部分は再建を、損壊部分は残す決断－

109 • 県産地域材活用の展開

地域産材利用のきっかけ／演習林での安全祈願祭とその活用／地域産材
活用の概要とその意義／地域色を体現した拝殿の再建工事

113 • 事業の意義　〜副次的効果〜

114 • 関係者インタビュー4　県立芦北高校教諭　宮下勇さん

116 • 関係者インタビュー5　元熊本県阿蘇地域振興局所属　岩下聡さん

118 • 関係者インタビュー6　元阿蘇森林組合参事　矢津田明文さん

120 • 修理工事こぼれ話4　能因法師の和歌

　　　災害復旧事業の総括

124 • 神社の災害対応について

はじめに／1.神社と地域社会の関係性／2.一連の災害・災禍における
阿蘇神社と国造神社の祭り／3.神社復興と地域振興との関係／4.神社
復興と地域振興との関係／おわりに

131 • 災害復旧事業の環境　－文化財としての阿蘇神社－

はじめに／文化財認識の特性／指定文化財の取り扱い／文化財の境界
概念に対応した災害復旧事業区分／指定文化財を所有する意味／おわりに

135 • 災害復旧事業費
136 • 災害復旧事業の歩み

142 • あとがき

阿蘇神社の歴史

阿蘇神社の時空間

阿蘇の開拓神話

　東西約18キロ、南北約24キロ、世界最大級の阿蘇カルデラは、中岳などの中央火口丘を中心に、海抜800メートル前後の外輪山が囲む火山地形である。外輪山内壁の南北には阿蘇谷と南郷谷と呼ばれる火口原が形成され、阿蘇神社は前者の東部に位置する。この南北の谷を流れる二つの河川（黒川と白川）は、立野火口瀬で合流して白川となり熊本平野に注ぐ。火口原をはじめ外輪山の傾斜地を利用した人々の営みは古く、その始まりは神話となっていまに伝えられている。

　阿蘇神社に祀られる健磐龍命は神武天皇の孫神で、その命を受けて九州に渡った。その後、宮崎・高千穂を経て、草部（阿蘇郡高森町）において阿蘇都比咩命を娶った。そのときの阿蘇はカルデラ湖であったが、命は外輪山の西壁を足で蹴り崩し、そして湖水が流れ出た土地を開拓して人々に農耕の道を開いたという。

　のちに健磐龍命は阿蘇の祖霊として阿蘇神社に祀られた。阿蘇の開拓神である命は歴史のなかで人々の信仰をあつめてきた。現在の阿蘇神社で毎年執行される例大祭の御田祭では、命の開拓を称え、農作物の豊穣が祈られる。

　阿蘇神社は健磐龍命を主祭神に、その家族神を含めた12柱と、全国の神々を「諸神」として合わせ祀る古社であり、創建は孝霊天皇9年（前282）と伝わる。10世紀に成立した法令の施行細則「延喜式」には全国の神々（3132座）のリストが記載されているが、このうち肥後国の神名に阿蘇神社の3神が含まれる。往時の阿蘇神社は、すでに肥後国を代表する神社に位置付けられ、以後も「肥後国一の宮」として歴史なかで存在感を示してきた。戦国時代末期の混乱で危機に瀬したこともあったが、17世紀初めの加藤清正による再興、そして近世の熊本藩（細川藩）祈祷社としての役割を経て、国家が神社を管理した近代には官幣大社の社格を有した。歴史の盛衰はあったが、肥後国を代表する神社としての地位は変わらなかった。

ご神体の阿蘇山火口

　阿蘇神社が「肥後国一の宮」として広く評価された理由には、元来の土地神や祖霊信仰に加え、火山という畏怖対象との融合にあった。阿蘇山上の火口は健磐龍命と、その妃神である阿蘇都比咩命、その孫神の彦御子神、この3神のご神体とされ、

〈立野〉熊本地震で崩落したこの場所は、健磐龍命の伝説をともなう（熊本日日新聞 2016年10月19日）

噴火した阿蘇中岳（2021年10月20日、阿蘇神社から撮影）

江戸時代の阿蘇神社と火口　赤星閑意「阿蘇宮図」（阿蘇神社蔵）

そこは歴史的に「上宮」（麓の阿蘇神社は下宮）と
呼ばれてきた。

　文献における阿蘇山の初見は、『隋書倭国伝』
（7世紀前半）の噴火と禱祭の記事である。我が
国の歴史書（8〜10世紀）にも、阿蘇火口の変動
情報が度々に記録されている。火山活動の後には
朝廷から祈禱命令が出され、健磐龍命に対する寄
進や神階（神へ位を与える行為）が上昇していく様
子が窺える。古代国家において阿蘇火口は注目さ
れ、その神は次第に評価を高めていった。しかし
平安時代の後期になると、阿蘇山上への仏教拠点
（天台宗系の寺坊）の形成によって神仏習合の様相
が強まっていく。

古代史料にみえる阿蘇火口の記事

7世紀		「阿蘇山噴火と住民祭祀」の記事（「隋書倭国伝」）
8世紀	712	「神武天皇の兄、神八井耳命は阿蘇君の祖」の記事（「古事記」）
	713	「阿蘇岳頂上の霊沼の神秘、中岳は阿蘇神宮」の記事（「筑紫風土記逸文」）
	720	「景行天皇巡狩に阿蘇津彦・阿蘇津媛の二神出現」の記事（「日本書記」）
	796	神霊池（阿蘇山火口）が涸減し、占いで早疫の兆、朝廷が寄進や読経を命ずる（「日本後紀」）
9世紀	823	神霊池の神健磐龍命に従四位下の贈位と封戸が与えられる（「日本紀略」）
	838	遣唐使航海の安全を祈願し、阿蘇・宗像・宇佐三社にそれぞれ僧二人が派遣される（「続日本後紀」）
	843	健磐龍命神社の神主に永く把笏（その地位）を認める（「続日本後紀」）
	847	阿蘇・国造社を官社とする（「続日本後紀」）
	859	健磐龍命神に正二位を贈り、阿蘇比咩神社を官社とする（「日本三代実録」）
	864	神霊池異変（沸騰）、比咩神の嶺の石が崩壊、占いで水疫の災い（「日本三大実録」）
	875	阿蘇比咩神に従三位が贈られる（「日本三代実録」）
10世紀	927	肥後名神四座の内、阿蘇神が三座を占める（「延喜式神名帳」）

阿蘇大宮司と阿蘇神社

　阿蘇神社の評価を高めた世俗的要因には、火山への自然信仰に加え古代氏族である阿蘇氏の存在が不可欠だった。阿蘇氏は祖霊祭祀を司る豪族だったとみられ、健磐龍命の末裔として今日まで大宮司職（阿蘇神社の統括者）を世襲してきた。現在、その当主は92代を数える。

　古代の律令時代において阿蘇神社は公的な地方官社であったが、阿蘇氏は神社経営の権限を次第に獲得し、いわゆる「大宮司」の地位を有しつつ地域を開発していった。やがてその諸権益を保持するために武力を保有し、平安時代の後期には武家化したとみられている。

　時代推移のなかで南郷谷（南阿蘇地域）や浜の館（旧矢部町、現山都町）などに本拠を置き、とくに16世紀末に衰退するまでの約500年間には、封建的な在地領主の性格を有し、肥後国を代表する豪族として活躍した。

　こうした阿蘇大宮司が武家の棟梁として成長していく過程において、次第に祭祀を司る役割が分化し、その実務は神官の集団（社家）に任せ、阿蘇大宮司自らは社地を離れて他所に拠点を形成し、次第に政治色を強めていく。最盛期には、肥後国における阿蘇郡や益城郡を支配する屈指の勢力を誇った。

　神社の経済は阿蘇大宮司の権力によって担保された。その社領（神の領地）はやがて中央の有力な皇族や貴族に寄進され、大宮司自らは荘園構造に身を置くようになる。阿蘇大宮司の存在によって肥後国一の宮たる阿蘇神社は権威を高めた。朝廷の出先である肥後国府と関わりながら、当国レベルの祭りを確実に執行し、また社殿の維持や建て替えも可能にした側面がある。さらには阿蘇氏の繁栄によって、阿蘇神を祀る神社が各地に多く創建されたことが考えられている。

　文禄2（1593）年、豊臣秀吉の全国支配によって大宮司家当主の惟光が殺されたが、慶長6（1601）年に弟の惟善に再興が許され、以後阿蘇氏は阿蘇神社の傍らに居住し、阿蘇神社の宮司職を世襲している。

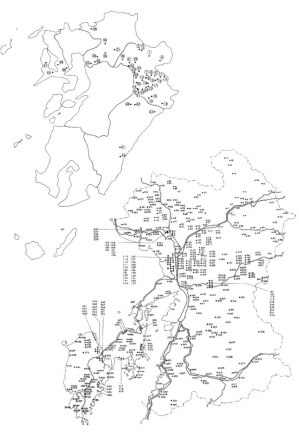

阿蘇神を祀る神社の分布
阿蘇神を祀る神社は九州内に約500社。その背景には、阿蘇大宮司の政治性や神仏による火山信仰のひろがりが考えられている。

中世の阿蘇大宮司　薗井守供「下野狩図」（阿蘇神社蔵）

阿蘇神社の
役割とは何か

阿蘇神社の性格

　我が国には火山などの自然物を恐れ敬う多様な歴史文化があり、神社が果たす役割は大きい。先人は営みのなかで、自然観を祭祀や縁起で表現してきた。そのなかで自然の恩恵に感謝し、あるいは災害と解釈される自然現象でさえ恐れ敬い許容してきた。

　そうした意味で阿蘇神社の存在意義を考えると、とくにご神体たる阿蘇山火口を鎮める役割が際立つ。自然科学の知見が発達した現代社会においても、とくに自然災害を解決する術はなく、社会レベルの不安感は今も昔も変わらない。火山信仰とは、自然を恐れ敬う分かりやすい事例といえる。噴火活動は頻繁に起こらないが、いざ活動が始まれば即座に緊張が高まり、実際に降灰が長期化すれば生業への被害が蓄積されていく。こうした制御不能の自然現象に対し、いにしえの人々は火山を神や仏と捉えて祈る宗教行為を続けてきた。

　平成28年熊本地震の被害による阿蘇神社復旧

阿蘇神社のご神体である阿蘇火口

の取り組みは、見た目では建造物（社殿）を元の姿に戻すことにあったが、こうした自然への向き合い方を災害復旧のなかで表現することも重要なテーマとなった。神社本来の役割を浮き彫りにすることは、災害復旧の理念を示すことに他ならない。

年中行事の特色

　阿蘇神社では年間を通じて数多くの祭祀が行われる。『阿蘇神社祭祀の研究』（法政大学出版局、平成5年）の著者である村崎真知子氏は、阿蘇神社の祭祀を次の3つに分類している。

　①国家祭祀　②神道的祭り　③伝統的祭り

　明治以降、神社が国家の管理下で運営された、いわゆる国家神道の時代には、①や②の祭祀が重要視される傾向にあったが、依然阿蘇神社では③の伝統的な祭りが中心に据えられ、個性を体現している。それらは、ご神体たる阿蘇山火口に向き合う「火口祭祀」と、阿蘇山麓北側の火口原「阿蘇谷」において広い範囲で執行される「農耕祭祀」の2つの柱で構成される。前者の「火口祭祀」は自然を恐れ敬う行為そのものであり、後者の「農耕祭祀」には自然の恩恵を享受し続けるための意図が込められている。両者をみることによって、歴史を踏まえた阿蘇神社の役割が窺える。

火口祭祀

　現在の火口祭祀とは、毎年6月10日の阿蘇山上神社における例祭（火口鎮祭）のことをいう。例祭のなかで神職が火口そばまで進み、御幣3本（火口に3神が鎮まると解釈するため）を火口に投げ込む火口鎮祭を行うことで火山活動の平穏を祈る。阿蘇神社における唯一の火口祭祀であり、その歴史的意義は大きい。

　ところで阿蘇山上神社が立地する場所は、近世

まで仏教組織の山上拠点だった山上本堂跡地である。明治4（1871）年、明治新政府の神仏分離政策でそれまで阿蘇山信仰の仏教側面を担っていた天台宗系の山岳仏教組織が廃止されたことによる。阿蘇山上神社は麓にある阿蘇神社の摂社に位置付けられ、明治26（1893）年には社殿が建立された。社殿はあくまで火口を遥拝する施設（拝殿）であり、ご神体の火口と社殿が一体化した概念をもって阿蘇山上神社と解釈されるものである。

近代に入り、それまで信仰の対象とされてきた阿蘇山火口は観光資源としての評価を高めた。とくに昭和9（1934）年の阿蘇国立公園指定は観光地化を進め、そのなかで阿蘇山神社の環境も変化していった。阿蘇山上神社は山麓の阿蘇神社を経済的に支える存在にさえなっていったが、火口に直通する自動車道路が整備されると参拝者が減少し、昭和50年代後半には無人化している。

現在の阿蘇神社の年中行事において、火口に関する祭祀は阿蘇山上神社の例祭（火口鎮祭）のみである。ここでは火口周辺を管理する官公庁関係者や観光業者などが参列し、一同に火山活動の平穏を願う場となる。

農耕祭祀

阿蘇神社で年間を通じて行われる農耕祭祀は、同じ阿蘇谷に鎮座する摂社の国造神社（阿蘇市一の宮町手野）や霜神社（阿蘇市役犬原）の祭祀とともに、国重要無形民俗文化財「阿蘇の農耕祭事」に一括指定（昭和57年）されている。個々の起源は定かでないが、中心となる御田植神幸式（7月28日）については、鎌倉時代末期にその存在を窺える史料がある。

現代の観光に関する情報媒体において、農耕祭祀は自然の恵み豊かな阿蘇の象徴事例として前面に押し出され、さらにその起源が健磐龍命の開拓神話に関連して表現される傾向が強い。文化財的な価値にとどまらず、農耕祭祀が観光資源としても広く認知され、そして活用されるようになって久しい。

もともと農耕祭祀では、農作物の作柄を左右する人智を超えた神慮（神の心持）に配慮することが求められた。農業人口が産業構造のかなりを占めた時代には、農耕祭祀にともなう禁忌が意識され、それが暦生活の指標となって機能する実態があった。時代の変遷とともに祭祀の形態や社会的な認知は大きく変容している。

文化財としての「阿蘇の農耕祭事」の価値は、季節の推移にしたがい稲の生育過程が循環する（予祝→播種→田植→災除→収穫→予祝）、いわゆる稲作儀礼の典型事例として高く評価されるものである。

火口鎮祭

阿蘇山上神社の拝殿
昭和33（1958）年の大噴火で社殿は大きな被害を受け、その後にコンクリート製で再建された。

国重要無形民俗文化財「阿蘇の農耕祭事」の構成

季節（新暦）	春 (3／4／5月)		夏 (6／7／8月)			秋 (9／10／11月)	冬 (12／1／2月)
稲作の動き	準備期	田植期		日照り、風雨や虫害など		収穫	休閑
阿蘇神社	②卯の祭 3月 卯～卯日 ③田作祭 3月 巳～亥日	④風祭 旧暦 4月4日	⑤御田祭 (御田植神幸式) 7月28日	⑥柄漏流 8月6日	④風祭 旧暦 7月4日	⑦田実祭 9月25日	①踏歌節会 旧暦 1月13日
国造神社	春祭 3月28日		御田祭 7月26日	眠り流し 8月6日		田実祭 9月23日	歌い初め祭 旧暦 1月16日
霜神社				火焚神事 8月19日～10月16日			

3月亥の日に行われる田作祭（祭り上げ）

3月申の日に行われる田作祭（火振り神事）

御田植神幸式

田実祭　流鏑馬の奉納

阿蘇神社で行われる農耕祭祀（「阿蘇の農耕祭事」に含まれるもの）

① 踏歌節会 （とうかのせちえ） 旧暦1月13日	年初めに田歌を謡い始める儀式で、田植歌が芸能化したものと考えられている。内容は、目出度い言葉で正月を祝い、阿蘇家の繁栄を願うものである。中世には大地の眠りを覚ますべく、足踏みの所作をともなっていた。
② 卯の祭 （うのまつり） 3月初めの卯の日から 次の卯の日までの13日間	主祭神の健磐龍命が阿蘇に入った紀元76年春2月卯の日を記念し、五穀豊穣を祈願して神楽を毎日奏する。かつては境内で「卯の市」が開かれ、近年まで賑わいをみせていた。中世には「下野狩」が行われ、その贄が神前に供えられた。
③ 田作祭 （たつくりまつり） 卯の祭期間中の巳の日から 亥の日までの7日間	社家の祖先神（国龍神）が結婚する物語的な行事構成となっている。稲作の開始時期に、国龍神が結婚をすることで豊穣が約束されるという。国龍神は神輿に乗り、毎夜異なる社家宅をめぐる。そこでは朝夕に神事と神楽が行われ、国龍神と社家の家人が共に食事をする（宅祭）。 4日目の申の日には、妃神を迎える「御前迎え」がおこなわれる。別動の神職2名は、早朝より西方約10キロの赤水地区に赴き、樫の木で作った妃神のご神体（神木）を阿蘇神社までお連れする。所定の場所に立ち寄りながら、嫁入り前の禊や化粧の儀を済ませて夕刻に阿蘇神社に到着する。神社参道では住民が萱束に火をつけ振り回して歓迎する（火振神事）。その間に神婚の儀が行われる。 7日目の最終日は満願日であり、結婚した夫婦神の前で豊作を祈念し、神職が耕作過程を模擬的に演じる田遊び（田作神事）を行う。
④ 風祭り 旧暦4月4日・旧暦7月4日	稲作に害を及ぼす悪しき風を封じ込める神事である。風の神を祀る2カ所の風宮神社（宮地・手野）において神事が行われ、2人の神職が異なる道を通って風を追い立てる。ここでは小豆飯が供えられ、カビのつき具合で豊凶を占う。
⑤ 御田植神幸式（御田祭） （おんだまつり） 7月28日	阿蘇神社に祀られる12神が乗る4基の神輿を中心に行列が構成され、神社周辺の青田をめぐり生育具合を見てまわる行事である。これにお供をするのは、全身白装束の女性（宇奈利）など、約200人の行列である。行列が進む間に田歌が謡われ、2カ所の御旅所に立ち寄る。ここでは神輿の屋根に苗を投げ上げる田植式が行われる。
⑥ 柄漏流（通称ネムリナガシ） （えもりながし） 8月6日夜	田歌を謡い納める儀である。氏子の約100人は、夜通し田歌を謡い街中を練り歩く。民俗学では、真夏の体力が衰える時期、夜通しの行事で睡魔を流してしまう趣旨が指摘される。
⑦ 田実祭 9月25日	収穫の時期、最初の初穂米が神前に供えられる。阿蘇神社では神事の「願の相撲」や流鏑馬が奉納される。

火口祭祀と農耕祭祀の関係

　火口祭祀と農耕祭祀の目的は「自然への畏怖」と「恩恵の持続」の関係に置き換えることができる。とくに後者は現代的な展開をみせている。阿蘇地域の稲作は戦後の品種改良によって農事が早く進むようになった。それにより実農事と祭事暦が整合せず、そもそもの農耕祭祀の意義が問われはじめて久しい。

　かたや農耕祭祀は地域の個性を示す伝統行事として文化財的な付加価値を有しながら、地域振興や観光資源の役割を担っている。そのなかで阿蘇地域は健磐龍命によって開拓された由緒正しき、自然豊かな恵み多き地であることが表現される。農耕祭祀は阿蘇を特徴付ける文化資源的な価値を発出し続ける。

　こうした農耕祭祀は阿蘇神社の神話と結びつき表現されることで、歴史時代から阿蘇神社のバックボーンであった火山信仰をみえにくくする側面がある。地域資源としての活用需要が高まる農耕祭祀にくらべ、火口を神体（上宮）とする火山神の性格は稀な活動がないかぎり広く意識されることはない。そのことは阿蘇神社の祭祀において恵みの側面のみが強調される傾向を生み出している。

自然災害と阿蘇神社の火口祭祀

阿蘇地域（阿蘇谷）を襲った自然災害

　平成28年熊本地震をはじめ、これまで阿蘇地域を襲った自然災害にはどのようなものがあったのか。例えば1990年代以降の約30年間をみても、平成2（1990）年の7.2大水害では阿蘇市一の宮町坂梨地区を中心に大規模な土石流が発生するなど、阿蘇神社周辺の地域全体が甚大な被害を受けた。平成3年（9月）の台風19号では、強風によって阿蘇神社鎮守の杜の多くが倒木して三の神殿の屋根が損壊、摂社の国造神社（阿蘇市一の宮町手野）では神木の「手野の大杉（当時は国天然記念物）」が倒木するなどの被害が生じた。

　平成16年（9月）の台風18号では、一の神殿や三の神殿への倒木による大規模な社殿の損壊、また強風で楼門の屋根が損壊した。平成24年（7月）の九州北部豪雨において阿蘇神社の被害は軽微であったが、広域的な浸水被害が発生。加えて外輪山斜面の複数個所が表層崩壊して21人の犠牲者が生じたことは記憶に新しい。

　別表は、明治時代以降およそ140年間の主な災害事例である（國學院大學柏木亨介氏作成）。新聞の情報に依拠するものだが、それでも過去に阿蘇地域を襲った自然災害は60件近くに及ぶ。その種別は台風などによる風害3、地震3、霜害2、水害21、噴火24、落雷5となっている。これらは網羅的でないものの、我々がいかに災害発生の頻度が高い風土のなかで生活しているかを実感できるであろう。

　阿蘇地域の自然災害で特徴的なのは、水害と火山活動による被害である。前者は阿蘇地域が年間降水量3000mmを超える降雨地帯であることに加え、カルデラという地形的特色に要因があるといわれる。人々が暮らす外輪山に囲まれた平地（火口原）は火山の堆積層で、いまでも各所に湿地環境の痕跡がみられる。火口原を囲む総延長約120キロメートルの外輪山は急峻で、豪雨が続けば斜面崩壊のリスクが高まる。古（いにしえ）より人々はこうした火口原や外輪山の斜面、その上の原野も含めた土地利用を重ねてきたが、あわせて自然災害も受けてきた。

　一般的に神社の多くは比較的に自然災害を受けにくい環境に立地しているといわれるが、仮に社殿や境内に直接的な被害がないにしても、地域社会の生活に甚大な災害が発生すれば無関係とはいかない。神社の存立基盤は地域社会との関連が強く、社会に人的被害が生じれば、コロナ禍同様に祭祀執行など神社の機能も困難になる。

　なかでも火山活動は阿蘇地域特有の自然災害であり、それはカルデラ地形に暮らす人々の宿命といえる。昨今では、平成28年熊本地震の半年後に起きた36年ぶりの爆発的噴火があり、いまだ復旧に着手していない阿蘇神社をはじめ、阿蘇市一の宮町全体に大量の火山灰が降り積もった。ことに農業や観光（風評被害も含め）にとって深刻な影響が生じた。

　阿蘇神社の古い記録には、火山活動に連動する静謐祈祷の実施記事が数多く残るが、ここからは降灰が長期化することで次第に生活や生業に被害が蓄積されていったことが窺い知れる。また昭和33（1958）年の噴火事例は、観光関連で火口近辺にいた人々が偶発的に巻き込まれ、死者12人、負傷者28人の惨事となった。こうした人身事故についても、過去に記録されることがある。

　水害や火山活動は阿蘇地域特有の災害事例であるが、これは阿蘇神社が祭祀のなかで火口を鎮め、農耕祭祀を行う主旨に関係する。祭祀のなかで

火口を畏怖の象徴として認識することに加え、水資源など恵の源泉を享受することは、人々が自然への向き合い方を考えた上での表現といえる。次項では火山信仰のなかで阿蘇神社が果たしてきた具体的な役割として、火口に対する祭祀の内容を前近代と現在の事例を通じて紹介したい。

阿蘇地域（阿蘇谷）の災害年表（作成：國學院大學神道文化学部助教 柏木亨介）

年月日	西暦	災害	被害状況
明治5年12月1日	1872	噴火	噴火口で硫黄採掘者4人死亡、負傷者多数。
明治17年3月21日	1884	降灰	大量の降灰。南郷谷の耕地に被害。
明治27年3〜8月	1894	降灰	激しい降灰。上蔟を終えていない養蚕農家に影響あり。
明治27年5月21日	1894	霜害	茶・小豆・大豆・桑に被害
明治32年7月8〜9日	1899	暴風雨	民家の屋根破損多数。阿蘇神社の松の大木倒木、神殿の玉垣と門扉に被害。
明治33年7月12日	1900	豪雨	床上浸水300戸以上、橋梁流出多数、田畑の被害甚大。
大正5年6月25日〜28日	1916	豪雨	河川氾濫。内牧町で床下浸水、橋梁1箇所流出。
大正8年4月3日	1919	降灰	桑畑と原野に降灰し、養蚕業と畜産業に被害。
大正9年4月21日	1920	霜害	桑園、茶園の新芽の枯死。
大正12年6月〜	1923	降灰	農作物被害、牛馬流産、竹木折損の被害。
大正12年7月5日	1923	豪雨	河川決壊。宮地町で家屋浸水20戸、家屋損壊5戸、内牧町で家屋浸水150余戸。
昭和2年4月1日	1927	降灰	激しい降灰、養蚕業に被害。
昭和2年6月15〜16日	1927	豪雨	内牧町で田畑浸水。
昭和3年6月25〜30日	1928	豪雨	堤防決壊。阿蘇谷の浸水家屋数百戸、浸水耕地375町歩。
昭和4年7月5〜8日	1929	豪雨	河川氾濫、中通村・古城村の作物全滅。
昭和8年1〜6月	1933	降灰	強震と激しい降灰。牛馬と農作物に被害。
昭和10年6月23〜24日	1935	暴風雨	河川氾濫。古城村、中通村の水田約50町歩が泥海と化す。5〜6割減収。
昭和15年4月〜	1940	降灰	農産物、畜産物への被害額数十万円。
昭和21年6月	1946	豪雨	内牧町395棟浸水。
昭和22年5〜7月	1947	降灰	降灰による放牧牛馬の被害。坂梨村・波野村の野菜全滅。
昭和22年7月17〜22日	1947	豪雨	降灰を含んだ泥流による河川氾濫。浸水家屋約45戸、約1,000町歩の耕地埋没。
昭和28年4月28日	1953	噴火	観光客死者6人、負傷者90人。激しい降灰のため農作物に被害。
昭和28年6月26日	1953	熊本大水害	河川氾濫。堤防決壊・水田埋没・牧野崩壊・道路決壊。阿蘇郡の死者行方不明者129人、家屋全壊・流失553棟、田畑流失・埋没3,376町歩。
昭和33年6月24日	1958	噴火	死者12人、負傷者28人。
昭和40年10月31日	1965	降灰	降灰。農作物被害。
昭和49年8月4日	1974	降灰	降灰多量、農作物被害。
昭和50年1月23日	1975	阿蘇群発地震	手野地区を中心に震度3〜5、マグニチュード6。負傷者21人、家屋全・半壊56棟。
昭和52年5〜7月	1977	降灰	降灰多量、農作物被害。
昭和54年9月6日	1979	噴火	死者3人、負傷者11人。
昭和55年8月	1980	豪雨	河川氾濫。内牧町中心に554棟浸水。
平成元年7月1日〜翌年12月	1989	降灰	降灰多量、農作物被害。送電線被害。
平成2年7月2日	1990	7.2大水害	集中豪雨。河川氾濫。降灰と流木を含んだ土石流発生。宮地地区・坂梨地区を中心に大水害。死者11人、負傷者12人、家屋全・半壊140棟。
平成3年9月27日	1991	台風19号	阿蘇で最大瞬間風速60m。国指定天然記念物「手野の大杉」の折木をはじめ、国造神社・阿蘇神社・馬場八幡宮の御神木約30本倒木。人家被害なし。
平成16年9月	2004	台風18号	阿蘇神社一の神殿・三の神殿・楼門に被害
平成24年7月12日	2012	九州北部豪雨	死者21人、行方不明者1人、全壊家屋60棟、大規模半壊13棟、半壊家屋1108棟。
平成28年4月14日（前震）・16日（本震）	2016	熊本地震	死者21人・負傷者107人。阿蘇市の家屋全壊118棟・大規模半壊96棟・半壊765棟・一部損壊1610棟。道路被害158。橋梁被害20・河川被害58ヶ所。
平成28年10月8日	2016	噴火・降灰	火口周辺のロープウェー駅舎被害。降灰。
令和2年〜	2020	コロナ禍	令和2年10月22日阿蘇市内で初の感染者発生の発表、令和3年9月14日時点で同市内の感染者127例。

＊本表掲載の災害は、おもに熊本日日新聞情報文化センター編『一の宮町大水害の記録　平成2年7月2日』（一の宮町、1995年）（表中では『記録』）、熊日情報文化センター編『九州北部豪雨阿蘇市災害記録誌』（阿蘇市、2013年）（表中では『記録誌』）、NPO法人阿蘇ミュージアム編『火の山・阿蘇　阿蘇火山博物館図録』（阿蘇火山博物館、2019年）（表中では『図録』）所収の災害年表を参照したほか、本稿に関わる災害も付け加えた。これら以外にも新聞記事では数多くの災害が確認できる。

出典・参考記事
『図録』
『図録』、熊本新聞3月25日2面・4月17日2面
『記録』、九州日日新聞6月14日2面
『記録』
『記録』、九州日日新聞7月11日2面
『記録』、九州日日新聞7月15日3面・19日2面
九州新聞6月29日5面
『記録』、九州新聞5月29日4・5面
九州日日新聞4月30日5面
九州日日新聞7月5日4面、九州新聞12月15日5面、同大正13年2月19日3面
九州日日新聞7月7日4・9面
『図録』、九州新聞5月28日4面
九州日日新聞6月17日4面
『記録』、『記録誌』、九州新聞6月28日朝刊1・5面・29日朝刊5面・夕刊2面・7月1日朝刊6面、九州日日新聞6月28日朝刊5面夕刊2面・6月30日朝刊5面・7月3日夕刊2面
『記録』、九州日日新聞7月7日5面
『記録』、『図録』、九州新聞3月7日朝刊5・6面
九州日日新聞6月25日5面、九州新聞10月31日朝刊3面
九州新聞5月2日夕刊2面・8月30日朝刊8面・9月11日朝刊8面
『記録誌』
『記録』、熊本日日新聞7月12日2面・8月26日2面・9月19日2面・昭和23年4月7日2面・5月12日2面
『記録』、熊本日日新聞7月23日2面
『記録』、『記録誌』、『図録』、熊本日日新聞5月1日朝刊2面・5月2日朝刊3面・7月22日朝刊3面・8月1日朝刊4面
『記録』、『記録誌』、熊本日日新聞7月9日朝刊2面・7月30日朝刊2面
『記録』、『記録誌』、熊本日日新聞6月25日朝刊1面・25日号外・6月26日朝刊1・4・5・7面・6月27日朝刊5面
『図録』、熊本日日新聞11月1日朝刊1・10・11面
『記録』、熊本日日新聞8月7日朝刊4面、8月22日夕刊7面
『記録』、『記録誌』、熊本日日新聞1月24日夕刊1・6・7面・1月25日朝刊1・13面・夕刊7面・1月26日朝刊13面・1月27日朝刊13面・1月30日朝刊13面
『記録』、熊本日日新聞6月7日朝刊12面
『記録』、『記録誌』、熊本日日新聞9月7日朝刊1面
『記録誌』、熊本日日新聞8月30日夕刊1面・8月31日朝刊1・17面
『記録』、『図録』
『記録』、『記録誌』
『記録』、『記録誌』、熊本日日新聞9月28日夕刊2面、9月29日朝刊7・24面
熊本日日新聞9月8日夕刊1面
『記録誌』
熊日出版編『明日へつなぐいのちとくらし　平成28年熊本地震「阿蘇市震災記録誌」』（阿蘇市、2021年）
『図録』、熊本日日新聞10月9日朝刊1・28・29面、10月10日朝刊1面、10月12日朝刊29面
「阿蘇市内の新型コロナウイルス感染者の発生状況」（阿蘇ホームページ、最終閲覧日令和3年10月3日）

火口祭祀の意味

　そもそも阿蘇山の噴火活動は頻繁に起こるものではない。例えば、18世紀から19世紀前半までの約150年間にわたる関連記事を抽出すると、火山活動に起因する臨時祈祷がおよそ15年から20年の周期で執行される程度である。臨時祈祷数が少ないことは火山活動がないことを示したものといえるが、ただし、長く沈静化している平穏時においても定例で祭祀が執行されていることに注目したい。これは火山を恐れ敬う意識を普段から醸成し、ひいては危機意識を促す効果があったものと評価したい。

　火山活動のメカニズムが自然科学の発展で解明されつつある現代においても、今なお噴火活動を正確に予知すること、ましてやコントロールすることは不可能である。先人は火山などの自然と向き合うために、その厳しさを認めた上で恵みの持続を願うため、自然を恐れ敬い信仰する手法として祭祀を続けてきた。

前近代の火口祭祀

　阿蘇山上の火口は、古来より神と仏両側面の信仰対象とされたことで、それぞれの宗教活動の範囲が重複し展開してきた歴史背景がある。前近代において阿蘇神社側は火口を「上宮」、とくに火口湖のことは「神池」と呼び、一方で仏教組織は、いわゆる本地垂迹の解釈で火口を「宝池」と称した。仏教組織の拠点は「坊中」と呼ばれ、この名称は多数の僧坊が形成された区域という意味がある。中世期の坊舎群は阿蘇山上に形成されていたが（現在の古坊中遺跡）、16世紀末に退転し、のちに加藤清正が北側の山麓（現阿蘇市黒川坊中）に再興している。

　こうした阿蘇火口を共通の信仰対象とする神仏

の拠点は、それぞれが山麓の別々に棲み分けて機能した。ただし火口のそばには仏教側の堂宇が構えるのみで、そこに阿蘇神社の人々は常駐していなかった。

　前近代の具体的な火口祭祀の様子を記録から知ることには限りがあるものの、中世期と近世期では内容が変化している。その時代背景には、阿蘇神社が肥後国一の宮神社として肥後国府と関連しながら祭祀が執行されていた中世期から、熊本藩の祈祷社として機能する近世期への変化がある。その内容は以下のとおりであった。

(1)中世の火口祭祀

　中世の年中行事を記す「阿蘇社年中祭式之次第」（阿蘇神社蔵）には、「御池祭」と「駒取之祭」という2例の祭祀が記載されている。「御池」とは火口湯溜のことで、内容不詳ながら毎年3月15日に火口に対し祭祀が行われていた。

　もう一つの「駒取之祭」では12月の初卯日に国府から33人の役人が阿蘇社に参り、神馬15頭を率いて火口まで登山する。火口そばで神馬に神霊を宿らせ麓の阿蘇神社に下り、御殿において「屋立の女房」と呼ばれる精進潔斎をした阿蘇大宮司の息女が饗応する祭祀であった。ご神体である火口の神霊を麓の阿蘇神社に迎え、霊力を更新する重要祭祀であったとみられる。

(2)近世の熊本藩による平常時の祈祷

　江戸時代の熊本藩において、阿蘇神社は公的祈祷を担う重要な位置にあった。そのため2種の定例祈祷が行われた。

　①公儀定例御祈祷

　　これは公儀（将軍家）のための定例祈祷で、毎年正月・5月・9月に執行された。この定例祈祷は、熊本藩が対幕府や国家を意識した性格を有した。

　②五穀成就並雷除祈祷と山上静謐御祈祷

　　毎年3月11日から13日にかけての五穀成

就並雷除祈祷は、熊本藩が領内統治のために依頼するものであった。続く14日から15日朝にかけて山上静謐の祈祷が定例で執行された。ここでは阿蘇神社の社家・神人たちが登山し、山上火口において奉幣を行っている。

(3)火山活動が発生した際の臨時祈祷

火口に異変があったとき、阿蘇神社は何をしたのか。麓の住人が退避するような激しい噴火はないにしても、火山灰が広域的に降灰することで、農作物や畜産に甚大な被害が及ぶことは現在も江戸時代も変わりない。噴火活動の長期化は物価を高騰させ、経済活動を深刻に悪化させた。為政者の熊本藩は宗教の力を活用した災害対応を実施している。

例えば、享保18(1733)年の事例をみると、山麓の阿蘇神社において火口の異変を知ったとき、まず担当者が登山して見分を行う。その結果は阿蘇大宮司を通じて熊本藩の寺社奉行所に報告された。報告内容は吟味され、熊本藩から活動を沈静化させる祈祷執行の命令が出される場合があった。

臨時祈祷が執行された場合、祈祷完了の報告にともない、証である御札を藩庁に持参、そして祈祷の対価が要求された。火口の異変は速やかに藩側に伝えられ、慣例的に祈祷が執行されている様子からは、熊本藩が宗教儀礼を活用して災害時の社会責務を果たそうとする姿勢が窺える。

江戸時代までの祭祀は、阿蘇山上に阿蘇神社側の社殿がないため、必要に応じて麓から火口まで登山して執行する点が現在と異なる。本来、阿蘇山火口は神と仏の両側面の信仰対象であって、現在においても阿蘇神社と西巌殿寺(阿蘇市黒川坊中)によって阿蘇信仰は担われている。

自然災害と阿蘇神社の火口祭祀 ── History

享保18(1733)年 臨時祈祷の動向

年月日	事 項
享保18年2月14日	阿蘇山御池、去る冬以来当春にかけて度々鳴動強く、度々麓の里にも降灰。去る7日よりさらに活発化。麓にて地震、火口は黒煙が立登る。社家が登山見分し、北の御池の変異であったことを阿蘇大宮司が奉行へ報告する。
享保18年2月15日	奉行が阿蘇宮と坊中一同に、御祈祷執行を命じる予定を回答する。
享保18年2月16日	阿蘇山御池鳴動の儀につき、例の通り二夜三日の御祈祷が命じられ、その祈祷料として阿蘇宮へ米6石、坊中へ米6石の奉納予定があることを奉行が伝える。
享保18年2月17日	阿蘇大宮司が御祈祷の執行、及び祈祷料奉納の件を承知。御祈祷は明後19日より始め、二夜三日執行、同21日に成就の予定を伝える。例の通り、阿蘇宮社家惣代に御祓を持参させる旨も奉行に伝える。
享保18年2月21日	阿蘇大宮司が御祈祷完了の報告と御祓持参を奉行に伝える。
享保18年2月22日	奉行が御祈祷の成就、阿蘇宮社家が御祓持参のために参上する件を承知する。
享保18年8月20日	阿蘇山北の御池、当夏以来時々黒煙が立ち、当月始めより強風に随って山下の里々へ降灰強まり、鎮まる気配なし。社家を登山させたところ、北の御池の黒煙が強く、池水が赤色であった見分内容を阿蘇大宮司が奉行へ報告。
享保18年8月25日	阿蘇山御池鳴動の儀につき、奉行より二夜三日の御祈祷が命じられ、祈祷料として阿蘇宮へ米6石、坊中へ米6石の奉納予定が伝えられる。
享保18年9月28日	阿蘇大宮司が奉行に対して、去月に命じられた阿蘇山変異の御祈祷、及び公儀定例御祈祷の供物料並御祈祷料を催促する。
享保18年11月12日	阿蘇大宮司が阿蘇山御池変異の御祈祷料を再び催促する。
享保18年11月18日	阿蘇大宮司が御祈祷料の受け取りの方法について、例の通り内牧坂梨両手永の御惣庄屋からの受け取りを要望する。
享保19年2月25日	去夏以来の硫黄砂降によって、南郷高森・阿蘇内牧両手永の村々において飼草が痛み、牛馬に被害が出ているので、奉行より御祈祷執行の沙汰あり。

神社景観の変遷1
変化してきた
阿蘇神社の景観
中世・近世

「肥後国一の宮」中世阿蘇神社の景観

　長い歴史のなかで阿蘇神社の様子は度々に変化してきた。過去には社殿の老朽化をはじめ、不幸にも焼失で建て替えられた記録が残る。このたびの熊本地震も阿蘇神社を変化させる要因となったが、これまでどのような景観の変化があったのか。

　現在の阿蘇神社境内は、祭神が祀られる神殿（本殿）を中心に拝殿や楼門など様々な社殿で構成されている。神社の社殿は信仰対象が表現されたものでもあるから、その時代の価値観や意匠の流行が社殿を変化させていく。そもそも社殿を建て替える行為自体が、計画的な造替であれ、焼失や罹災による臨時造営にせよ、その規模は時代の経済環境に左右される。阿蘇神社の造営史を理解するには、肥後国を代表する「一の宮」の地位も含め、とくに阿蘇大宮司の権威や権力が阿蘇神社の景観を変容させる視点が必要である。

　中世期の阿蘇神社は、絵図をみる限り社殿規模が充実している。往時の様子を知る史料は少ないが、①「阿蘇社社殿絵巻」（阿蘇神社蔵）と②「阿蘇社縁起絵巻断簡写」（熊本大学附属図書館所蔵「阿蘇文書写」所収）の絵図2点がある。両者は原画を江戸時代に書写したものとみられるが、ともに中世期の阿蘇神社を描いた希少な絵図として長く評価されてきた。

　建築の先学によれば、絵図の詞書等から①図は暦応3（1340）年の図、②図は永享年間（1429〜1441）頃の作成図と推定される（佐藤正彦「中世における阿蘇神社社殿について－暦応三年の絵図と阿蘇社縁起絵巻断簡の絵図より－」『日本建築学会学術講演梗概集』日本建築学会）。また両図の表現は、屋根の形式や正面の扉などに明らかな差異があり、神殿様式は②の方が古いとの見方もある（阿蘇品保夫『阿蘇社と大宮司』）。

　いずれも神殿は6棟で構成され、これが社殿配置の基本形であったとみられる。中心線の左側に一宮殿（健磐龍命）、その右側に二宮殿（阿蘇都比咩命）、一宮のさらに脇に三・五・七・九宮の男神四神を合祀する神殿、二宮の脇には四・六・十宮の女神四神を合祀する神殿、さらにその前方に十一宮、相対して十二宮の神殿が配されている。十一宮殿と十二宮殿の前方に回廊が張り出し、その中央には楼門、左右それぞれに脇門が構える。これら神殿の屋根は入母屋造の桧皮葺とみられ、壁・柱は朱塗である。屋根に千木や鰹木はない。

①「阿蘇社社殿絵巻」（阿蘇神社蔵）

なかでも主祭神を祀る一宮殿と二宮殿は突出して建築規模が大きく、さらに勾欄や階段が付されている点は他の神殿と明らかに差別化されている。また②図における「しころ葺」や入母屋造、正面の唐戸などは、寺院建築の手法が加わっている。両図ともに神殿の規模、そして回廊に囲まれた広い空間は壮大で、肥後国一の宮に相応しい偉容である。

この社殿図は、度々の焼失と造営が繰り返されてきた中世期の一場面であって、①図と②図のような形式の異なる神殿が時代を隔て存在したとみられる。そこに建築様式の一貫性はみられないが、別表のとおり、罹災後に確実に造営に至る点が時代背景を物語っている。

「仮殿」とされた社殿（天文23年〜天保6年）

ところが16世紀後半になると、阿蘇氏の勢力は次第に衰退していく。この影響は阿蘇神社の境内景観にも及んだ。天文23（1554）年に造営された簡素な社殿は、天保6（1835）年に始まる熊本藩支援の大造営に至るまで、約300年近く続いた。江戸時代後期の阿蘇大宮司は、これを「仮殿」の状態と解釈し、阿蘇神社の由緒に比して神社景観がみすぼらしく、それを自力で解決できないことを嘆いた。その様子は若干の地誌史料で知ることができるが、ここでは阿蘇神社の社家に伝来した絵図を紹介したい。

神殿の配置は中世期と同様の6棟であるが、中心の一宮殿と二宮殿が屋根繋がりになっているなど、全体的に簡素な社殿様式である。屋根の形式は切妻造で、一宮殿と二宮殿は板葺、他の神殿は萱葺であったとみられる。仮殿と称される所以は、ここに中世期の回廊や楼門・脇門にあたるものが存在しないことである。また祈祷殿が附属していることは、肥後国レベルの公的神社のなかに地域性を取り込む変化を景観のなかに見出すことができる。

中世の罹災記録　阿蘇品保夫『阿蘇社と大宮司』より

元徳2〜建武3年	1330〜36	造営記録
正平15	1360	神殿焼失
正平18〜19	1363〜64	造営記録
永徳3	1383	神殿炎上
応永8	1401	神殿造営注文
応永11	1404	神殿造立
正長2	1429	神殿造営注文
文安5	1448	木屋人夫注文・神躰注文
文亀3	1503	神殿・経坊焼失
享禄元	1528	神殿・経坊造営注文
天文11	1542	神殿・経坊造営注文
天文23	1554	神殿造営注文・棟上

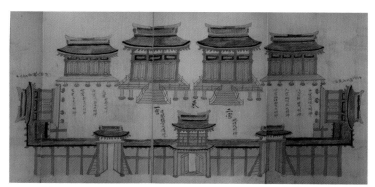

②「阿蘇社縁起絵巻断簡写」（熊本大学附属図書館蔵）

江戸時代の仮殿（宮川加賀家蔵）

神社景観の変遷2

阿蘇神社を刷新した
熊本藩の大造営

現在の社殿群（重要文化財6棟）

阿蘇神社の主要な社殿群である一の神殿・二の神殿・三の神殿（別称：諸神社）・楼門・神幸門・還御門の6棟は、熊本藩（細川藩）の全藩的な事業として天保6（1835）年から嘉永3（1850）年にかけて造営されたもので、現在は国重要文化財（建造物）に指定されている。神殿3棟と諸門3棟が左右対称に配置され、それぞれは東面する。一の神殿と二の神殿は桁行・高さともに12メートルを超える五間社入母屋造で、その間に三間社流造の三の神殿が位置する。横参道の中央には楼門が聳え立ち、参拝者はまずこの門に迎えられる。楼門の高さは約18メートル、九州最大規模の二重門である。さらに両脇には四脚門形式の神幸門と還御門が構える。

これら社殿6棟の外面には欅材が多く使用され、とくに軸部や組物には波頭紋や雲紋の華やかな彫刻が施されてひと際目を引く。屋根は当初柿葺であったものが、その後の檜皮葺を経て、現在は銅板葺に変更されている。何れの社殿も、構法ともに江戸末期の地方的な建築特色を示す文化財建造物として評価されている。

「仮殿」という時代認識

中世の阿蘇神社は肥後国一の宮に位置付けられ、大宮司の阿蘇氏が全盛を迎えた時代だった。ところが16世紀後期になると、薩摩島津氏の侵攻を受けるなど次第に衰退していった。のちに全国統一を果たした豊臣秀吉は、肥後国内乱の嫌

阿蘇神社全景（平成26年3月）〈撮影：重藤賢一氏〉

疑を阿蘇大宮司の惟光（1582〜93）にかけ、文禄2（1593）年に処分を命じた。それにより家臣や社家のほとんどが離散して阿蘇神社も荒廃の危機に瀕した。

しかし慶長6（1601）年、加藤清正が惟光の弟惟善（1582〜1660）を大宮司に再興し、阿蘇神社そばに屋敷地を与え約1000石を宛がった（加藤氏改易後の細川氏もこれを踏襲）。以後の阿蘇神社は熊本藩祈祷社の扱いを受けるが、社殿は天文23（1554）年以来の仮殿（本来の形式ではない社殿）状態が続いていた。

その様子はいかなるものだったのか。例えば江戸時代後期の地理学者である古河古松軒（1726〜1807）は、自著『西遊雑記』のなかで当時訪れた阿蘇神社を「由緒の割には境内景観がたいしたものではなく、見苦しい」などと酷評している。また同時期の阿蘇大宮司惟馨（1773〜1820）は、「いまだ社殿は天文23年に造営された仮殿のままで、自家（阿蘇大宮家）が衰弊したので宮殿（阿蘇神

社の社殿）を正式な様式に回復することができず、さらに境内地も狭くなった」と、『阿蘇家伝』（享和元年（1801）成立）のなかで述べている。「仮殿」とは文字通りの簡略化された社殿であった。

その上で惟馨は、仮殿以前の古式に基づく境内景観を回復する大願を抱き、熊本藩に懸合を重ねていたとみられるが、彼の代では実現できなかった。熊本藩が阿蘇神社の造営を決定したのは天保3（1832）年で、次代の惟治（1808〜77）が担うことになった。

以後の熊本藩による阿蘇神社の造営は、完遂までに17年を要する長期事業になる。のちの阿蘇神社側の由緒では、この造営事業は阿蘇家歴代当主の悲願であって、充実した中世期の神社景観を理想とした社殿本来の規模と形式を目指したもの、と意義付けた。さらにそのことを「天文ノ旧ニ復ス」と形容している。

熊本地震前の楼門

熊本藩による大造営事業の展開と その意義

天保6(1835)年6月、北宮(現国造神社)で斧初め(起工式)が行われた。大宮司惟治をはじめ阿蘇神社の神職で神事を行い、祭典後の直会には地域の有力者や庄屋たちが招待された。その後、最初に着工した一の神殿の上棟式が天保11(1840)年に行われたが、このときは藩役人など約千人を迎える盛大な行事だったという。こうした建築儀礼の一幕をみても、阿蘇神社の造営事業が熊本藩挙げての取り組みだったことが窺える。

主要社殿の工程をみると、まずは天保11(1840)年から天保14(1843)年にかけて一の神殿・二の神殿・三の神殿の3棟が完成した。その後、楼門の用材調達に手間取り時間を要したが、嘉永2(1849)年に神幸門・還御門と祈祷殿(現存せず)が、そして嘉永3(1850)年に楼門が完成した。引き続き、翌年にかけて回廊・塀・垣などが整備されている。さらに文久2(1862)年に完成した拝殿(現存せず)まで含めると、「仮殿」の景観を四半世紀かけて刷新したことになる。

ところで、造営事業の前半は順調に神殿3棟の竣工に至ったが、楼門建設の段階で用材調達に苦心し、さらに事業費が枯渇して人材(大工)確保に困難が生じる等、必ずしも順風といえなかった。中央人事による事業運営体制の立て直しや、棟梁に近い大工を残し、そこに地元大工を採用することで困難を乗り切る展開があった。実際に工事は非常に手の込んだ造作を要し、その事業費は最終的に1040貫の巨費が投じられたと当時の史料にある。用材は質量ともに高いレベルが求められため、担当者は山野に詰める状態が続いたという。

造営の経緯は永青文庫所蔵の藩政史料によって知ることができるが、とくに事業費の負担関係をみると、当時の熊本藩全域が関わった「肥後国一の宮」的事業の様相を呈している。当地の地方行政組織である内牧手永と坂梨手永が寄附負担や人夫提供の中心を担い、それ以外の藩全域からも米や材木の広く薄い寄附行為が長期的に継続

主要社殿の工程 「楼門墨書」による

一の神殿	天保10(1839)	3月 8日	小屋入り
	天保11(1840)	3月	棟上
		11月28日	上遷宮
二の神殿	天保11(1840)	8月28日	小屋入り
	天保13(1842)	3月18日	棟上
		11月	上遷宮
三の神殿	天保13(1842)	11月 3日	小屋入り
(諸神社)	天保14(1843)	4月17日	棟上
		6月	上遷宮
楼門	天保14(1843)	6月28日	小屋入り
	嘉永2 (1849)	閏4月5日	棟上
神幸門・還御門	嘉永元(1848)	3月	小屋入り
	嘉永元(1848)	11月 4日	棟上
	嘉永2 (1849)	7月	成就

その後の改築で失われた当時の祈祷殿(祓殿)(左)と旧拝殿(右)

した。さらに、事業運営は阿蘇神社の神職が担当するものの、内実は坂梨手永と内牧手永の担当者（御用懸）なくして成し得なかった。それを後世の阿蘇神社は「熊本藩の寄進」と表現したが、その実態は当時の地方自治組織が主体的に支援し取り組んだ象徴的公共事業だった。

このたびの熊本地震で被災した社殿の大半は、かつての熊本藩時代に造営された社殿である。そこに現代の公的資金や広域的な寄附が投入され、多くの人材に支えられ復旧された展開があった。約180年の時を隔ててなお、類似した事業構図が繰り返された。

大工視点の造営史
―解体修理でみえた舞台裏―

携わる大工集団は熊本藩全域から集められた。彼らを率いる大工棟梁には、下益城郡河江手永小川町（現宇城市小川町）出身の水民元吉（22歳）が抜擢された。彼に近い大工たちを中心に、そこに藩内各地の大工が加わる12〜15人体制で工事が進められている。また用材調達に係わる山師と呼ばれる熊本藩豊後領の集団も加わった。

熊本地震で被害を受けた社殿の修理工事では、とくに全解体された楼門の部材から番付など数多くの墨書がはじめて確認された。それは棟梁の

墨書のあった箇所

用材の出所を示す墨書
「坂梨手永馬場村の福原家屋敷から二本が取り出された」と大工棟梁の水民元吉が記している。

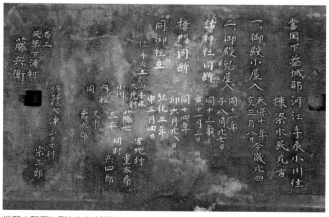

楼門の礎石に彫られた刻銘
制作は天草下浦の石工によるもの。

水民元吉をはじめ手附の大工たちが記したものである。とくに若くして棟梁に抜擢された水民元吉の自筆とみられる墨書が多く、そこからは当時「抜群」と評された力量を顕示する気迫が伝わってくる。彼以外の大工についても、名前をはじめ似顔絵や和歌などが多数見つかった。元吉同様に彼らも仕事の痕跡を残そうとしたに違いあるまい。

他にも、楼門の四隅を支える重さ1トン超のケヤキ大材（隅木）から、その出所がわかる墨書や、建物基礎の礎石上面に建築工程が彫られた刻銘が発見されるなど、新たな話題に事欠かなかった。こうした大工たちが残した情報を整理し、彼らの出身地や携わった社殿、その時期を整理すると下図のとおりになる。造営の前半は棟梁の水民元吉と小川町出身の大工を中心に藩内各地の大工で構成する体制だったが、造営の後半では新たに採用された地元の大工たちが諸門を担当した。

さらに大工たちが、阿蘇神社の造営と並行して近村の神社改築を受注していた実態が明らかになった。なかでも井手菅原神社（阿蘇市一の宮町中通）は、同時期の嘉永2（1849）年に阿蘇神社「三の神殿」を80％スケールで造営された類例で、その棟札をみると10名のうち5名が阿蘇神社の造営に携わる大工であった。大工技術の伝播を考える好例であり、災害復旧の副産物といえる発見であった。

三の神殿に携わった大工たち
（墨書より）

當社御小屋入　東肥城南　小川町

天保十三年　寅霜月二日棟梁　水民元吉

仕事師面々　小川町　恵吉

東小川　圓助

宇土郡松山手永　大見村　藤七

當所中村　重太郎

新坪井二丁目　桂次郎

小川町　松次

上益城矢部手永　金之助

山鹿町　岩吉

上益城鯰手永　儀三郎

合志郡布田手永　山西村　山田村

上中間村高田　藤兵衛

豊後楠　嘉蔵

右筆者　藤兵衛□□

拾弐人

合

造営に参加した大工の分布図（変遷図）

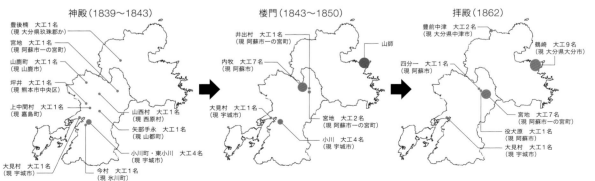

神殿（1839～1843）

豊後楠 大工1名（現 大分県玖珠郡か）
宮地 大工1名（現 阿蘇市一の宮町）
山鹿町 大工1名（現 山鹿市）
坪井 大工1名（現 熊本市中央区）
上中間村 大工1名（現 嘉島町）
山西村 大工1名（現 西原村）
矢部手永 大工1名（現 山都町）
小川町・東小川 大工4名（現 宇城市）
大見村 大工1名（現 宇城市）
今村 大工1名（現 氷川町）

楼門（1843～1850）

井戸村 大工1名（現 阿蘇市一の宮町）
内牧 大工7名（現 阿蘇市）
山師
宮地 大工2名（現 阿蘇市一の宮町）
大見村 大工1名（現 宇城市）
小川 大工4名（現 宇城市）

拝殿（1862）

豊前中津 大工2名（現 大分県中津市）
鶴崎 大工9名（現 大分県大分市）
四分一 大工1名（現 阿蘇市）
宮地 大工7名（現 阿蘇市一の宮町）
役犬原 大工1名（現 阿蘇市）
大見村 大工1名（現 宇城市）

阿蘇神社の三の神殿（上）と
井手菅原神社（下）（阿蘇市一の宮町中通）

技量抜群の大工棟梁「水民元吉」
（1815 ～ 1887）

　水民元吉は、河江手永小川町の大工恵吉の次男
として、文化12（1815）年に生まれた。祖父の代よ
り大工筋の家系で、兄の甚太郎は宇土藩の大工に
召し抱えられた人物である。のちに彼が熊本藩の
御大工に召し抱えられる選考記録「嘉永二年参談
帳」（永青文庫蔵）には、その異才ぶりをみること
ができる。

　幼年期に川尻町金十郎に弟子入り、15～16歳
で上方をはじめ諸国を遍歴しながら著名な神社
仏閣を研究し、18～19歳にして豊福阿蘇神社
（宇城市松橋町）を建立したとある。その後、阿蘇
神社造営のための棟梁選考があり、すでに棟梁は
他者に決まっていたが、元吉に図面をひかせたと
ころ、際立った技量を見せつけ棟梁の交代劇が
あった。わずか22歳であった。

　阿蘇神社の造営に際し、彼は名工と名高い金
兵衛考案の「松葉規矩」という高度な技法を更に
工夫し、豪壮繊細な社殿を次々と完成させていっ
たとある。そして造営終盤の35歳（嘉永2年6月）
のとき、藩方より「御大工」に召し抱えられ、高田原
楠町（現熊本市中央区下通）に屋敷地を拝領した。
選考記録によれば、当時の熊本藩には人材不足の
内実があり、技量抜群の元吉に大きな期待を寄せ
ていたことが窺える。

大工棟梁の水民元吉（晩年）

豊福阿蘇神社の本殿

「修理工事こぼれ話」について

　「修理工事こぼれ話」は、平成29（2017）年9月1日から約3年間（全38回）にわたり阿蘇神社の公式ホームページで連載されました。当時、修理工事に携わっていた（公財）文化財建造物保存技術協会の石田陽是氏が担当し、修理工事のなかで発見された話題、文化財建造物の価値やその歴史背景など、技術者の視点でわかりやすく紹介したコラム企画です。

　その連載記事のなかから4本を掲載します。

阿蘇神社公式ホームページ
http://asojinja.or.jp/

修理工事こぼれ話
楼門の輪郭

　阿蘇神社の楼門はどのような特徴を持った門なのでしょうか。阿蘇神社楼門は国指定重要文化財ですが、その中には同じような形式の門が何棟かあります。それらと阿蘇神社楼門を比べてみたところ、同じような形式と言えども、全体の大まかな形は他のものとは異なる特徴があることがわかりました。今回は全体の大まかな形、すなわち楼門正面の輪郭の特徴について紹介します。

1.　同じ形式の門について

　『国宝・重要文化財建造物目録』によると、阿蘇神社楼門は「三間一戸二階二重門」という建物形式になります。この形式の意味を説明しますと、「三間」とは、正面から見た時に柱と柱の間の間隔が3つあるということです（柱と柱の間の間隔のことを柱間と言います）。「一戸」とは、その3間ある柱間のうち、扉のある柱間の数を表しています。阿蘇神社楼門は中央に1組の扉があるため、「一戸」という表記になっています。「二階」とは、上層に床が張られていることを表しています。「二重門」とは、屋根が四周に上下2層かかる外観をもつ門のことを表しています。ちなみに、現代では楼門というと、上下2層にはなっていますが下層には屋根をつくらず柱上に縁を組んで上層をつくる門のことを指します。そのため、阿蘇神社の門は、名前は「楼門」なのですが建物形式でいうと「二重門」ということになります。以前は二重門

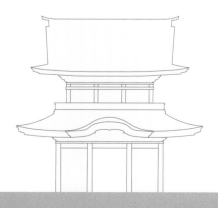

も楼門も区別なく楼門と呼んでいた名残のようです。

　平成31年4月現在、阿蘇神社楼門と同じく三間の二重門は、阿蘇神社楼門を含めて13棟が国指定重要文化財に指定されており、そのうち3棟が国宝に指定されています。そのうち、広島県にある不動院楼門は、阿蘇神社のものと同じく建物形式は二重門ですが名称は楼門となっています。そして、大分県にある鷹神社神門は阿蘇神社のものと同じく神社の門であり、残りの11棟は寺院の門となっています。これらの三間の二重門のうち、輪郭がわかる資料を入手できなかった延暦寺文殊楼と萬福寺三門以外の10棟の輪郭と、阿蘇神社楼門の輪郭を比べていきます。

楼門の例（健軍神社楼門）
下層には屋根がない形式です。

屋根は2重＝「二重門」

2階として内部に床あり＝「二階」

扉は1箇所＝「一戸」

柱間は3間＝「三間」

阿蘇神社楼門　正面

国指定重要文化財　三間二重門一覧

区分	都道府県	建物名称	建築年		建築形式
国宝	富山	瑞龍寺山門	文政元	1818	三間一戸二重門
国宝	京都	光明寺二王門	宝治2	1248	三間一戸二重門
国宝	奈良	金峯山寺二王門	康正2	1456	三間一戸二重門
重要文化財	神奈川	建長寺山門	安永4	1775	三間一戸二階二重門
重要文化財	神奈川	英勝寺山門	寛永20	1643	三間一戸二階二重門
重要文化財	滋賀	延暦寺文殊楼	寛文8	1668	三間一戸二階二重門
重要文化財	京都	萬福寺三門	延宝6	1680	三間三戸二階二重門
重要文化財	広島	不動院楼門	文禄3	1593	三間一戸二階二重門
重要文化財	山口	東光寺三門	文化9	1812	三間三戸二階二重門
重要文化財	山口	大照院鐘楼門	寛延3	1750	三間一戸二階二重門
重要文化財	徳島	丈六寺三門	室町後期	1467-1572	三間三戸二階二重門
重要文化財	熊本	阿蘇神社楼門	嘉永3	1850	三間一戸二階二重門
重要文化財	大分	薦神社神門	元和8	1622	三間一戸二重門

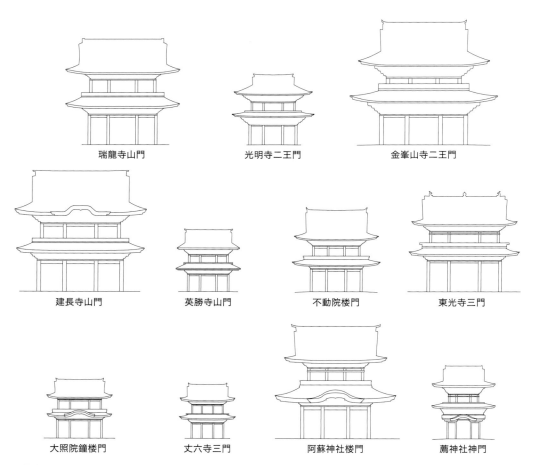

国指定文化財　三間二重門正面の輪郭

2. 阿蘇神社楼門の特徴

①上がすぼまった形である

　上層屋根と下層屋根の端部を図のように赤線で結ぶと、阿蘇神社楼門では家にある踏み台の側面のような上がすぼまった形になります。金峯山寺二王門の線は比較的似た角度になりますが、残りの9棟はほぼ垂直に近いものになります。中には、下層の屋根のほうが小さく、下がすぼまる線になるものもありました。赤線が上がすぼまった形になりますと安定感を与える形となり、赤線の特徴のみで言いますと、阿蘇神社楼門は安定感を非常に重視した建物であると言えます。

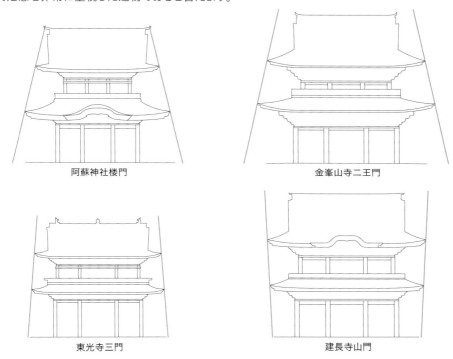

阿蘇神社楼門　　　　　　　　　　金峯山寺二王門

東光寺三門　　　　　　　　　　　建長寺山門

②下層屋根が高い

　下図の赤矢印を青矢印で割ると、全体高さにおける下層屋根高さ方向の長さの割合がでます。阿蘇神社楼門ではこの値が16%でしたが、他の10棟の平均値は9%でした。10棟のうちこの値が一番大きかった建物でも11%でしたので、下層屋根の高さ方向の長さが大きいことは、阿蘇神社楼門の大きな特徴と言えます。

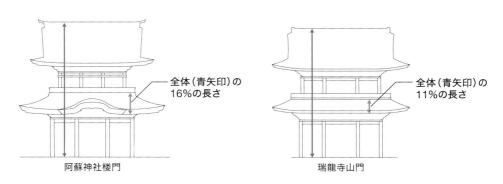

全体（青矢印）の16%の長さ

全体（青矢印）の11%の長さ

阿蘇神社楼門　　　　　　　　　　瑞龍寺山門

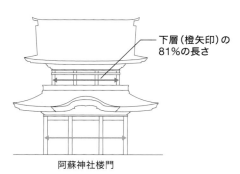
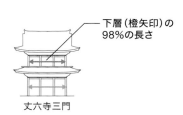

③全体が高い

　下図の赤線のように、下層柱間全体の長さを横幅とし全体高さを縦長さとする長方形を描きます。この長方形がより縦長ですと建物全体にスリムな印象が与えられ、正方形に近くなりますと安定感のある印象が与えられます。阿蘇神社楼門は赤線長方形の縦横比が1.7：1でしたが、ほか10棟の平均値は1.6：1でした。赤長方形で言いますと、阿蘇神社楼門は若干縦長で若干スリムな印象を与えていると言えます。

縦横比1.7：1

縦横比1.4：1

縦横比2.3：1

大照院鐘楼門　　　　阿蘇神社楼門　　　　薦神社神門

④下層屋根幅が長い

縦横比0.95：1

　右図の青線のように、下層屋根横方向の長さを横幅とし全体高さを縦長さとする長方形を描きます。③と同じように、この長方形がより縦長ですと建物全体にスリムな印象が与えられ、正方形に近くなったり横長になったりしますと安定感のある印象が与えられます。阿蘇神社楼門は青線長方形の縦横比が0.95：1であり、ほか10棟の平均値は0.96：1でした。青長方形で言いますと、阿蘇神社楼門は若干安定感のある印象を与えているといえます。

阿蘇神社楼門

⑤上層柱間が小さい

　下図の緑矢印を橙矢印で割ると、下層柱間全体長さにおける上層柱間全体長さの割合がでます。阿蘇神社楼門ではこの値が81％でしたが、他の10棟の平均値は93％でした。10棟のうちこの値が一番小さかった建物でも85％でしたので、上層柱間全体の長さが比較的小さいことは、阿蘇神社楼門の大きな特徴と言えます。

下層（橙矢印）の
81％の長さ

下層（橙矢印）の
98％の長さ

阿蘇神社楼門　　　　　　丈六寺三門

3. 阿蘇神社楼門の輪郭

　5点挙げた阿蘇神社楼門の特徴について述べた2.では、①④は安定感に関係した特徴であり、③はスリムな印象に関係した特徴と分類しました。②と⑤も分類していくと、②の特徴は、この高さに大きな下層屋根があることによって見た目に感じる重心がより下方になりますので、①④の特徴と合わせた結果、安定感に関係した特徴であるといえます。⑤の特徴は、③のスリムな印象に加えて⑤の特徴によって幅が絞られる箇所ができることで縦のラインに強い遠近感が生まれ、よりスリムな印象が強くなります。そのため、⑤の特徴もスリムな印象に関係した特徴であるといえます。

　以上の特徴から、阿蘇神社楼門の輪郭は、安定感もスリムな印象もどちらもあわせ持っていながら、それらが絶妙に調和し合っていると言えます。①〜⑤までの特徴のうち、平均的であるのは④のみであ

るため、阿蘇神社楼門は国指定重要文化財の中では個性的な形状であると言えます。しかし、個性的な形状だからといってかっこ悪いとか美しくないというわけではなく、非常に整った比率の輪郭をしていると思います。また、柱などの部材の太さや軒の反りなどの曲線も逸脱することなく溶け込んでいます。この独自の形状を建物としてまとめた水民元吉棟梁の力量や、新しい美的感覚を感じさせます。

　以上、楼門の正面輪郭について見てきました。建物の輪郭はその建物の印象に大きく影響する要素です。阿蘇神社の建物は、彫刻などの細部も凝っていてとても興味深いですが、輪郭などの全体としてどうかという点も非常に興味深いものです。

（公財）文化財建造物保存技術協会　石田陽是

参考文献
大岡實『日本の建築』中央公論美術出版,1967
『国宝・重要文化財建造物目録』文化庁文化財部参事官（建造物担当）,2012
坂本功 総編集『図説 日本木造建築事典』朝倉書店,2018
紹介した建物の修理工事報告書等

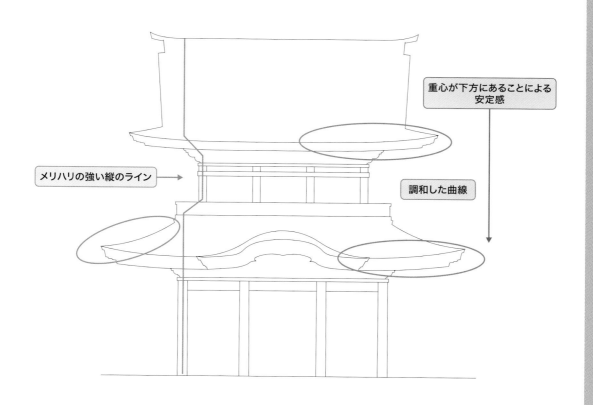

メリハリの強い縦のライン

重心が下方にあることによる安定感

調和した曲線

神社景観の変遷3
近代に建築された社殿群

災害復旧における近代社殿の取り扱い

熊本地震前の阿蘇神社の様子は、江戸時代末期の熊本藩造営事業による社殿6棟（国指定重要文化財）を中心に、近代に建築された斎館や御札所（旧神饌所）、そして拝殿、その拝殿に接続する南北の翼廊・神饌所・神輿庫によって構成されていた。熊本地震の被害で楼門と拝殿や南翼廊が倒壊するなど、重要文化財社殿のほかに昭和初期から終戦直後にかけて建築された近代の社殿も大きな被害を受けた。ただ、これら近代の社殿は指定文化財でなかったため、自主判断により復旧方針が検討されることになった。その方針は以下のとおりであった。

（1）昭和3年に社務所として建設された斎館については、できるだけ現状を損なわない文化財的保存修理を実施する。

（2）倒壊した昭和23年築の拝殿・翼廊については、解体撤去の上で新たに再建する。

（3）かろうじて倒壊を免れた神饌所と神輿庫、

熊本地震で被害を受けた近代の社殿群

北翼廊の一部は修理して保存する。

こうした社殿は未指定であったが、いずれも文化財的な評価を得ていたものであった。とくに倒壊した拝殿を解体撤去することには苦渋の決断があった。そうした意味を込め、失われた旧拝殿をはじめ近代社殿の時代背景に触れておきたい。

神社景観が変化した近代

明治新政府が成立すると、国家が神社を管理する時代になり、阿蘇神社は中央所管の官社となった（最終的に官幣大社の社格が与えられた）。それまで社家と呼ばれていた神職の世襲制が廃止され、以後は社家以外の神職が任命されるなど、神社の運営は公的性を帯びていった。境内に目を向けると、境内地の約4分の1が上地（召し上げ）で削地され、やがてここに民有地が介入したことで神社側には神域の尊厳意識が高まっていった。

明治初年の神仏分離や廃仏毀釈の影響については、阿蘇山信仰を担う仏教拠点が離れて形成されていたこともあり、阿蘇神社の境内においては隣接する無住の青龍寺（神宮寺）堂宇が撤去されただけで大きな混乱はなかった。以後の半世紀、近代化する社会のなかでも神社の境内に大きな変化は生じなかった。

それが顕著に現れるのは、阿蘇神社が官幣大社に昇格する大正3（1914）年から敗戦直後の約30年間である。ここで大規模な境内整備の計画が時折に打ち出され、実際に境内地の拡張、斎館や神饌所の建設、さらに拝殿・翼廊が大改築される成果があった。そこには祭典の方式が座礼から立礼に変化したことなど、阿蘇神社が近代の神社スタイルに対応していく様子も窺える。

現存する斎館（昭和3年築）や神饌所（昭和3年、のちに御札所に用途変更）をはじめ、平成28年熊本地震で全壊した拝殿や翼廊（昭和23年築）

官幣大社時代の社殿群（昭和6年）

が建設された背景には、阿蘇神社の社格向上を奉祝する社会機運が境内整備に結び付く側面があった。それは明治当初の上地により減少した境内地を回復させたい神社側の潜在的な課題認識に加え、国際観光地を目指す阿蘇地域振興の社会ニーズが融合した展開であったといえる。

境内拡張で建築された斎館と神饌所 （大正3年から昭和3年）

　近代において阿蘇神社の景観が変貌していく始まりは、大正3（1914）年の官幣大社昇格による奉祝機運の高まりであった。大正11（1922）年には、国費造営による社務所や宝物殿の建築に加え、境内地をそれまでの5000坪から12700坪へと大拡張する計画が打ち出された。阿蘇神社の周縁でも阿蘇地方の名勝旧跡等を保存顕彰する期成会が組織され、寄付金募集が各方面において展開されている。

　実際に昭和3（1928）年には境内地を約2000坪拡張させる成果があった。明治当初の上地は、結果として神社の境内地に民家を近接させる状況

昭和初期の斎館

その後、御札所に用途変更された神饌所

を生み出したが、これを一部解消することができた。さらに拡張した敷地に貴賓室を備えた斎館と神饌所が新たに建設され、あわせて境内整備も実施された。同時期の国鉄「豊肥線」の開通と相俟って、当時の紙面では「大阿蘇を彩る宮地町の一大偉観」と評されている。

戦時体制で苦悩した拝殿・翼廊の建設 （昭和8年から昭和23年）

昭和8（1933）年になると、阿蘇国立公園の実現を目指す社会動向に並行し、再び神社景観を拡充する気運が高まった。江戸時代末期の老朽化した社殿の維持管理が叫ばれ、神殿や諸門、摂社の国造神社や阿蘇山上神社も合わせた大改修計画と、さらなる境内拡張を求める国庫営繕費要求の請願が行われた。この請願は失敗に終わったが、引き続き「阿蘇神社造営奉賛会」が設立されるなど計画実現に向けた猛運動が展開されることになった。

ついには、昭和15（1940）年から「皇紀二六〇〇年記念事業」を称する総工費約100万円（うち国費65万円）の一大整備事業に結実する。その内容は、現境内地を約2倍に拡張し、江戸時代末期に造営された社殿群の改修と、新たに拝殿・翼廊の大改築を内務省神社局の直営工事で実施する大規模な計画であった。

熊本地震で失われた旧拝殿

このときに設計された拝殿と翼廊は阿蘇神社の姿を大きく変化させるものであった。江戸時代末期に造営された拝殿を廃し、新たに立礼式の神事に対応した拝殿を建設するもので、さらにその両脇に廻廊（翼廊）が接続し、その両端には神饌所と神輿庫を配する、左右対象の社殿空間が広がるものであった。

設計には、近代の神社建築に大きな足跡を残した内務省神社局の造営課長・技師である角南隆（1887〜1980）の影響が強かったと考えられている。同時期に角南が関わった吉野神宮拝殿には、「御殿（本殿）と人々が近く親しく神事ができる」ことを望んだ、彼の神社建築観が現れているとされる。土間から祝詞舎の向こうに神殿の姿をうかがう吉野神宮拝殿の構成が阿蘇神社にも採用された可能性がある（伊東龍一編『阿蘇神社建造物調査報告書』2006年）。

その後、昭和15年から拝殿・翼廊の造営が着工されたが、戦時体制のなか当初計画の実行は極めて困難になった。結果として神殿3棟と楼門の修理が完了したのみで、拝殿や翼廊の建築は設計のみで中断し、そのまま敗戦を迎えることになった。

敗戦後の神道指令で、公的資金による造営費の補助や県内各市町村への寄付金活動が停止されたため、残工事は民間の立場となった阿蘇神社造営奉賛会に引き継がれた。資金不足に物価高騰で困難を極めたが、昭和23年に拝殿・翼廊の改築を完了させている。

平成28年熊本地震（本震）によって、この拝殿と翼廊は倒壊し、両端に接続する神饌所と神輿庫も大規模損壊した。台湾檜を用いた優れた近代神社建築として評価を受けていたが、倒壊した拝殿と翼廊はやむなく解体撤去された。その後、拝殿・翼廊は再建され、両端の神饌所・神輿庫は修理して残された。

熊本地震における被害の状況

熊本地震（本震）で被害を受けた阿蘇神社

平成28（2016）年4月14日21時26分、熊本県熊本地方においてマグニチュード6.5の地震が発生、のちに「前震」と呼ばれる揺れでは阿蘇神社の被害は生じなかった。その28時間後、16日1時25分に再びマグニチュード7.3の「本震」が発生、阿蘇地方は震度6弱の揺れに襲われた。阿蘇神社が鎮座する阿蘇市一の宮町の被害は軽微であったが、境内の楼門と拝殿が全壊するなど、すべての社殿が損壊した。その要因は火山灰堆積層の立地に加え、いわゆる「長周期地震動」に建物固有の周期が合致したことだった。幸いに未明の境内に参拝者はなく、社殿の被害は甚大だったが人的被害はなかった。

その後、重要文化財の社殿6棟については、行政側の速やかな対応によって災害復旧に向けた取り組みが開始された。ただ全壊した拝殿など文化財指定のない社殿については、復旧方針が固まるまでに半年ほどの時間を要した。阿蘇神社の環境は損なわれたが、復興に向かう心の拠り所として、神事の執行を滞らせない方針のもと、ここから7年半に及ぶ阿蘇神社の災害復旧が始まった。

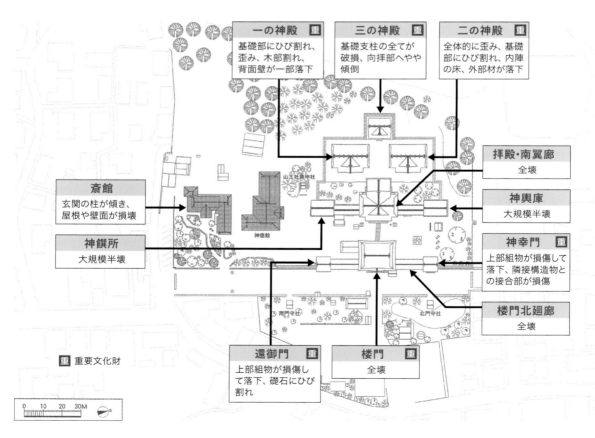

平成28年4月16日 熊本地震（本震）阿蘇神社被害状況

境内全体

【地震前】

【地震後】

楼門

重要文化財

【地震前】

【地震後】

一の神殿

重要文化財

【地震前】

【地震後】（藤田晴一氏撮影）

二の神殿

重要文化財

【地震前】

【地震後】

三の神殿

重要文化財

【地震前】

【地震後】

神幸門

重要文化財

【地震前】

【地震後】

還御門

重要文化財

【地震前】

【地震後】

拝殿

【地震前】

【地震後】

翼廊
神饌所
神輿庫

【地震前】

【地震後】南翼廊（倒壊）

【地震後】神饌所（部分損壊）

【地震後】神輿庫（大規模損壊）

斎館

【地震前】

【地震後】

その他の
境内被害

参道

参道北

参道東

二の神殿裏（西側）地割れ

楼門北回廊

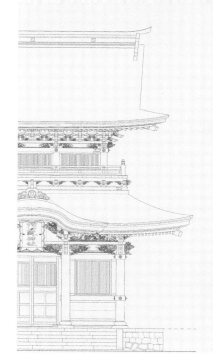

時代超え地域見守る存在

熊本日日新聞社
編集局編集一部長（当時阿蘇総局長）
岡本幸浩

「大変です。阿蘇神社の楼門（国指定重要文化財）がつぶれています」

平成28（2016）年4月16日未明。熊本地震の本震（阿蘇市は震度6弱）が発生してからほどなくして、当時、熊本日日新聞阿蘇総局員だった上杉勇太記者が、声を高ぶらせながら携帯電話で報告してきた。「まさか、そんなはずはない」。耳を疑ったが、辺りが明るくなって現地を目の当たりにして言葉を失った。「日本三大楼門」に数えられる高さ約18メートルの楼門は、柱が折れて屋根の部分が地面に崩れ落ち、拝殿も無残に倒壊していた。駆けつけた氏子や近所の人たちは、前日まで威厳を誇っていた建物の変わり様にぼうぜんとしたり、涙を浮かべて手を合わせたりしていた。言葉では言い表せないショックの大きさが、ひしひしと伝わってきた。翌17日付の熊日朝刊には市民の声として、こう伝えた。「阿蘇の魂が崩れた」

発災直後、続々ともたらされる情報は阿蘇地域が厳しい現実を覚悟しなくてはならないものばかりだった。熊本市の熊日本社も被災した上、被害が広範囲で取材体制も厳しい状況だったが、阿蘇神社をはじめ、地域の現状や復旧・復興につながる動きを細やかに伝えることが使命ではないか―。熊日が培ってきた地域密着の報道を改めて確認し、寄り添う姿勢で取材活動に臨む日々が始まった。

本震発生2日前の4月14日。午後9時過ぎ、最大震度7の前震が県内を襲い、益城町や熊本市で人命が奪われる被害が起きていた。そして、よもやの本震。前震では大きな被害を免れた阿蘇地域も被害が多発。南阿蘇村では、建物の倒壊や土砂崩れで東海大学農学部の学生や住民が多数犠牲となった。「赤橋」の通称で親しまれ、阿蘇地域の玄関口のシンボルだった同村立野地区の阿蘇大橋（長さ206メートル）も大規模な山腹崩壊に巻き込まれて、約70メートル下の白川に崩落。前震で被災した熊本市の友人に差し入れをした後、車で阿蘇市の自宅に帰る途中だった大学生、大和晃さん＝当時（22）＝が巻き込まれ、若い尊い命が失われた。広範囲で停電が発生し、道路も各所で寸断。発災から数日、地域は"陸の孤島"に近い状況に陥った。

熊本地震で楼門（中央下）などが倒壊した阿蘇神社＝2016年5月4日、阿蘇市一の宮町（大倉尚隆）

阿蘇神社が身代わりに

阿蘇市では、一の宮町の阿蘇神社の楼門や拝殿が倒壊し、三基ある神殿（いずれも国指定重要文化財）なども損壊した。震源に近かった市西部の的石、狩尾地区は特に被害が大きく、家屋の倒壊や損壊が相次いだ。農地では地割れや陥没が広範囲で発生。水田に亀裂や大きな段差が生じたり、水路が損壊して田んぼに水を引き込めなかったりして、その後の稲作に大きな支障が出ることになった。外輪山の斜面では崩壊が多発し、爪で引っかいたような痛々しい光景がカルデラ内のあちらこちらに現れた。阿蘇市屈指の観光地・内牧温泉街では、ほぼ全域で温泉が止まる危機的な事態に見舞われた。道路は各所で損壊や波打つような変形が生じて、車での移動もままならなくなった。阿蘇大橋の崩落で国道57号と豊肥線が寸断。熊本都市圏との往来に困難が生じ、JR豊肥線は宮地駅以西で運行がストップ。阿蘇山上に向かう県道は、草千里付近の崩壊で通行不能になった。

ただ、市内では建物の下敷きなどによる住民の「直接死」はなかった。倒壊した家屋に取り残された人を近所の人や消防団員らが協力し合い、奇跡的に救出したケースが多数あったという。受け入れがたい現実に直面しながらも、多くの命が奪われなかったことに、多くの市民が「阿蘇神社の神様が身代わりになってくれた」と感謝を口にした。

重苦しい空気が地域を覆う中、阿蘇神社のお膝元にある門前町の商店主たちの奮闘ぶりは目を引いた。被災者らを元気づけようと、つながりのある全国の商工会から続々と届くトイレットペーパーや粉ミルクなどの生活用品を地震直後から数日にわたり無償で配り、食材を持ち寄って炊き出しにも取り組んだ。大勢が身を寄せる避難所での生活や車中泊などで心身共に疲れ切った人たちに笑顔をもたらし、心を温めた。

地域の観光が大打撃

阿蘇神社の北側に位置する門前町一帯は、参拝客らを対象にした飲食店や雑貨店、土産物店などが軒を連ね、阿蘇市では内牧温泉街と肩を並べる

観光スポットとして広く知られている。寂れた時期もあったというが、近年は若手の商店主らが連携して、建物を黒色を基調とした落ちついた外観で統一したり、豊富な湧き水を活用した「水基」を店舗の入り口などに整備したりして魅力に磨きをかけてきた。そうした成果もあり、地震前は外国人を含む大勢の観光客でにぎわっていた。一帯の雰囲気を気に入り、他県から移住してカフェを開く若者らもいて、地域に活力を与えていた。

それが地震で一変した。中でも大きな影響を与えたのが、国道57号の寸断による交通事情の悪化だった。1日当たり2万5千台以上の車両が通行する物流や通勤・通学の大動脈だっただけに、深刻さは日増しに高まった。地震による損傷から早期に復旧した県道23号（通称・ミルクロード）が代替ルートとなったが、カーブが多くて道幅も狭い二重峠経由となり、朝夕を中心に渋滞が頻発。事故や大型車両の故障なども加わり、地域の人たちを苦しめた。さらに、「阿蘇は危ない」と誤解による不確かな情報が広まり、農業と共に市の基幹産業である観光業は大打撃を受けた。利用客の受け入れが可能だった宿泊施設や観光施設で予約のキャンセルが相次ぎ、阿蘇神社の参拝者も激減した。

日常生活が一気に不自由になり、精神的に追い詰められたり、気持ちがすさんだりする市民もいた。大量に発生した災害ごみを一時保管する市の施設には搬入する車両が押し寄せ、長時間待たされた人が担当職員に向かって罵声を浴びせるといったことがあった。先行きの見えない不安や絶望からか、自ら命を絶った人もいたという。

そうした状況に直面しながらも、「こんな時だからこそ」と、多くの人が歯を食いしばって前を向いた。阿蘇神社の門前町の商店主は「神様が守ってくださるはず。地域一体となって頑張りたい」と気丈に振る舞った。地域経済が急激に細る中、飲食店などを積極的に利用するよう呼びかける行政機関もあり、地域を支える動きが芽生えていった。稲作が困難になるなど苦境に立たされた農家には、行政による支援の手が差し伸べられた。家を失った人たちの仮設住宅（建設型）は、阿蘇市の101戸など阿蘇地域に計511戸が造られた。

「心のよりどころ」

阿蘇地域の人たちの前向きな姿勢は、自然災害に繰り返し襲われ、そのたびごとに乗り越えてきた、たくましい歴史と無縁でないようだ。近年では平成2（1990）年、平成24（2012）年、いずれも梅雨末期の集中豪雨により阿蘇市などで大きな被害が発

熊本地震で段差が約2mある地割れが発生した阿蘇市赤水の農地。地割れは市西部を中心に広範囲で見られ、営農に大きな支障が出た＝2016年5月15日（猿渡将樹）

阿蘇地域は各所で道路が損壊し、交通に大きな影響を及ぼした。草千里展望所付近の県道も長さ200m以上にわたり激しく損壊した。奥は杵島岳＝2016年5月21日、阿蘇市永草（岡本幸浩）

生した。24年の豪雨では土砂崩れなどで阿蘇市だけでも20人以上が犠牲となり、内牧温泉街など黒川沿いの広範囲で浸水して甚大な被害が起きた。阿蘇中岳の噴火による降灰被害にもたびたび見舞われ、熊本地震の半年後には36年ぶりとなる爆発的噴火で大量の火山灰が一の宮町を中心に降り注いだ。阿蘇神社も降灰を受け、トマトやイチゴなど農作物に深刻な被害があった。風評による観光への影響もあり、関係者は地震に加えての苦境に立たされた。

冬場の寒さも含めて厳しい自然と隣り合わせで暮らす阿蘇の人たちは、太古の昔から災害に遭うたびに時間をかけて元の生活を取り戻してきた。阿蘇を開拓した健磐龍命（タケイワタツノミコト）を主神とする約2300年の歴史があり、全国に500以上ある分社の総本社としての格式を誇る阿蘇神社が、時代を超えて地域のあらゆる人たちから崇拝を集めるのは、苦難を乗り越えるための「心のよりどころ」でもあるからだろう。「自然は酷だが、人間の力ではどうにもならない。生きていられるのは阿蘇神社の神様のおかげ」。熊本地震で自宅が全壊し、長期間の仮設住宅暮らしを余儀なくされた農家の男性は当時、耐えがたい現実を受け入れるようにしみじみと話した。

熊本地震による阿蘇神社の被害総額は約20億円と見積もられた。そのうち、未指定文化財のため公的支援の対象外だった拝殿にかかわる費用の捻出が大きな課題となった。神社は再建を目指して、広く寄付を募ることを早い段階で決定。門前町商店街が店舗に募金箱を設置するなど、神社を支援する輪はまたたくまに広がり、寄付を申し出る個人や団体が相次いだ。

多岐にわたった支援の動き

寄付金を阿蘇神社に直接届けるほか、商品の売上金の一部を積み立てて寄付する企画を始めたり、復旧支援の商品を開発して販売したりする事業者もあった。著名な歌手やミュージシャンが阿蘇市でコンサートを開いて寄付を呼びかけた一方、阿蘇を訪れることを不安視する人たちに向けて「安心ですよ」と発信した。ゴルフのチャリティーコンペで義援金も募られ、参加した熊本市の会社員は「神殿や拝殿が一日も早く元の姿を取り戻し、心安らかにお参りしたい」と願った。インターネットで海外に募金を呼びかける外国人や、県や阿蘇市などを通して多額の寄付をする企業もあった。

寄付以外にも、神社を応援する取り組みが繰り広げられた。地元の阿蘇中央高校は、生徒たちが育てたヒマワリを参拝客に配布。人気アイドルグループ

熊本地震で土砂崩れが発生した南阿蘇村河陽の高野台団地で行方不明者を捜索する自衛隊員ら＝2016年4月17日（谷川剛）

熊本地震直後、阿蘇神社の門前町の商店主らが取り組んだ炊き出しや生活用品の無料配布。被災者らが大勢訪れた＝2016年4月18日、阿蘇市一の宮町（岡本幸浩）

のメンバーは復興支援で神社を訪れ、大勢のファンを呼び込んで落ち込んだ地域経済に一役買った。阿蘇神社を含め被災した文化財の修復を後押ししようと、県内の経済人や文化人でつくる支援委員会も設立された。阿蘇市外の被災した神社は、損壊した社殿の修復費用捻出のため廃材をお守りとして活用し始め、阿蘇神社の氏子の一部に同様の活動を提案する動きもあった。

　神社の案内役を担うガイドも地震を機に"パワーアップ"した。支援も兼ねて全国から足を運ぶ参拝客が急増し、神社側の要請を受けた地元の阿蘇ジオパークガイド協会が協力。もともと活動していた団体と併せ、ガイドたちは神社や建物の歴史のほか、復旧に向けて変化する神社の歩みを分かりやすく説明した。

「地域を明るく」祭祀を実施

　相次ぐ支援に阿蘇神社の神職らは「地域を明るくしたい」と、祭祀は可能な限り中止しなかった。国指定重要無形民俗文化財「阿蘇の農耕祭事」で最大規模の「御田植神幸式」（通称・御田祭）は、祭りで使用するみこしなどを保管する建物が無事だったこともあり、地震発生から間を置かず実施することを発表。2週間後の5月1日には、地域の平安を祈る「月次祭」の神事を損壊した神殿前で行った。7月には境内に仮拝殿が設けられ、御田祭を開催。白装束の宇奈利ら約200人の神幸行列が境内周辺を厳かに練り歩き、大勢の見物客らがカメラを手に集まった。地震による地割れなどで作付けができない農家も、早期復旧を祈って見守った。収穫を感謝する秋の「田実祭」は、呼び物の流鏑馬奉納は中止されたものの神事は行われ、恒例の相撲奉納などで盛り上がった。

　11月には、拝殿や楼門の本格的な復旧工事が始まった。参拝客の減少が心配された新年の初詣は大勢の人出があり、神職らは「地域と共に復興を加速させたい」と決意を新たにした。

　平成30（2018）年度には三つの神殿の修復が完了。その後、新型コロナウイルス禍による行動制限などで地域はまたも苦しめられたが、令和3（2021）年には拝殿が5年ぶりに再建された。そして、楼門も元の姿を取り戻した。熊日はこの間、復旧の進捗状況や関係者らの思いを節目ごとに伝え、紙面に多くの人が関心を寄せた。地震で同じように傷ついた地域に点在する分社の復旧状況も報道に努めた。

　未曽有の被害をもたらした熊本地震は、阿蘇神社の存在の大きさを改めて多くの人に気付かせた。これからも時代を超えて、あらゆる人の心に寄り添い、見守り続けるはずだ。

熊本地震の約3カ月後に行われた阿蘇神社の御田祭で参道を歩く白装束の宇奈利。左奥はブルーシートを掛けられた楼門＝2016年7月28日、阿蘇市一の宮町（上杉勇太）

倒壊した阿蘇神社の拝殿前で復旧工事の安全を祈願する神職＝2016年10月31日、阿蘇市一の宮町（高見伸）

地震被害の大きさに大変なショック

中島昌彦さん
映像作家

故郷のために
できる限りのお手伝いを

——東京で映像制作の仕事をしていて熊本地震の時にたまたま故郷の阿蘇市に帰ってこられていた。地震の衝撃は。

中島　阿蘇神社の近くに実家があり、東京から帰ってきている時に地震に遭うことになりました。阿蘇神社に被害があったらしいという情報は、すぐには私には伝わりませんでした。本震後、しばらくして地元の消防団から「阿蘇神社の楼門や拝殿などが倒壊した」ということを聞き、地震の規模がどれほどすごかったかを実感しました。もちろん大変なショックでした。

わが家は神道なのでなにかの行事があれば阿蘇神社にお世話になってきました。そのように、昔からご縁があった阿蘇神社でしたので「なにかできることはないですか」と父を通して阿蘇神社にお声かけさせていただいたのが再建事業を映像で残すことになったきっかけです。

まず、阿蘇神社のフェイスブックの立ち上げのお手伝いさせていただきました。どういう風に記事を書けばいいとか、どこまで書いたらいいかとかなど

のアドバイスをさせていただきました。さらに、マスコミ等から殺到していたたくさんの取材依頼に、どう対応したらいいかということもご提案させていただきました。その後、2016年5月ごろから阿蘇神社の復興過程をずっと映像で記録するということになり、阿蘇神社のホームページに動画を配信するとともに、記録作業を続けてきました。

ボランティアで始まった
映像記録

——撮影作業はボランティアということですか。

中島　そうです。撮影したデータを使っていろいろ外部からの求めに応じて提供することについても、ホームページにアップロードしたり、非営利のものに限りますが、求めに応じて編集したものを活用してもらったりなどもしています。ボランティアでの編集作業を続けているうちに、動画を見てくださった方から「うちでも撮ってほしい。仕事として頼みたい」と、手を差し伸べてくれる方が結構いらっしゃいます。徐々に「阿蘇で動画編集をやっている人がいるらしい」と広がったんです。

撮影中の様子

宮大工さんへの取材風景

撮影現場ではカメラを持って撮影をさせていただきますが、まれに現場全体がわかるようなドローン撮影をしたり、関係者の方々へのインタビュー映像を撮ったり、工事の進捗状況に応じて現場の方たちと相談していろんなものを撮影させていただいています。

宮大工さんにお話を聞くと、自分たちと違う視点のお話が聞けました。みなさんすごく謙虚な方ばかりで、江戸時代の宮大工さんたちがつくられた仕事をできるだけ残して、自分たちの技が目立たないようにする配慮やあくまでも自分たちはつなぎ役と考えていることに心を打たれました。そして、崩れた部材の中から使える部分をしっかりと残して復元する技術には感銘を受けました。そういった宮大工さんたちの努力というものが、映像を通して皆さんに伝わるといいなと思っています。

多くの人たちに記録映像を見てもらいたい

— 結果的に阿蘇神社再建記録を通じて阿蘇で仕事を続けていくことを決心したわけですね。貴重な復興の記録映像の今後の活用法は。

中島　伝える努力を続けなくてはいけないという気持ちがあります。やってみるなかで新しい道がひらけるのかなという思いがありました。日本では神社再建の記録映像を継続的に撮影している人はいないと聞いています。初めての試みになるかもしれません。

阿蘇神社の動画は長編にしたいなと思っています。今まで発信させていただいているのは5分間とか長くて15分間とかのものが中心です。もともとテレビ番組などを長年やっていましたので、自分なりに長編の方が強いと思っています。せっかくこの7年分の記録があるので、できれば多くの方々に映画館で見ていただけるような動画にできたらいいなと思っています。今後は、そのあたりすり合わせさせていただきたいと思っています。再建へのお手伝いを通じて、自分の可能性が広がっていったことは本当によかったなと思います。私としては、阿蘇神社再建の取り組みを記録できたことは大きな喜びです。

修理工事こぼれ話

神殿・楼門造営に関わった職人さん

部材に残された墨書から大工さんの名前や出身地などが判明することはよくあります。三の神殿からは、大工さんの名前が書かれた墨書が、以前行われた調査から明らかとなっていました*。また、今回の工事により、山師と呼ばれる造営用の原木を調達したと思われる方々の名前が書かれた銘板が、楼門から発見されました。今回はそれらの墨書と、神殿・楼門造営に関わった職人さんについてまとめて紹介します。

1. 三の神殿の墨書

この大工さんの名前が書かれた墨書は、三の神殿の屋根裏の梁に書かれたもので、今回の工事以前に発見されていたものです*。ここに書かれた大工さんのうち、棟梁水民元吉、圓助、藤七、重太郎、松次の5名は楼門の墨書でも名前が見受けられます（楼門には松次郎と書かれていますが出身地が同じため松次と同一人物とみなしています）。嘉蔵は豊後楠出身となっており楠は玖珠のことと思われますが、玖珠は熊本藩領ではないため、どういう経緯で阿蘇神社造営に関わったのか気になるところです。

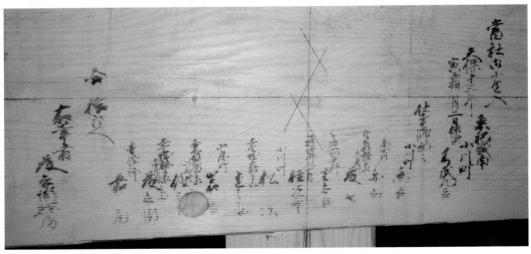

三の神殿　中引梁　墨書

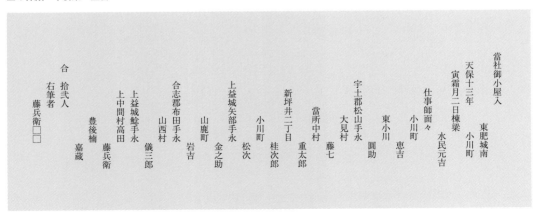

當社御小屋入　　東肥城南

天保十三年　　　小川町

寅霜月二日棟梁　水民元吉

仕事師面々

小川町　恵吉

東小川　圓助

宇土郡松山手永

當所中村　藤七

新坪井二丁目　大見村　重太郎

桂次郎

小川町　松次

上益城矢部手永　金之助

山鹿町　岩吉

合志郡布田手永　儀三郎

山西村

上中間村高田　藤兵衛

上益城鯰手永　豊後楠　嘉蔵

合　拾弐人

右筆者

藤兵衛□□

2. 楼門の墨書

楼門からは、山師の名前が書かれた墨書が発見されました。

楼門の2階屋根には、妻飾（つまかざり）という部分があります。その中央くらいの高さに虹梁（こうりょう）という部材がありますが、北面妻飾虹梁の裏面に木製の銘板が釘止めされていました。また、南面妻飾の懸魚からは、風化で消えかかっていましたが、「鶴崎　山シ棟梁

和七」という墨書が発見されました。

ここに書かれた山師たちの出身地は、豊後国の熊本藩領です。熊本藩のお殿様は、豊後街道を通り鶴崎から船に乗るというルートで参勤交代することが多かったそうですが、豊後街道の宿場町とその周辺は熊本藩の飛び地となっていました。この墨書の山師たちはその飛び地のうち鶴崎とその周辺の方々でした。

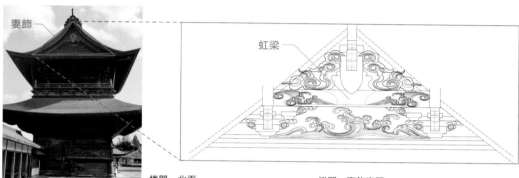

楼門　北面　　　　　　　　　　楼門　妻飾姿図

妻飾

虹梁

楼門　妻飾虹梁 裏面　山師の銘板

阿蘇宮楼門御棟上嘉永二年
閏四月五日執行山師名付
鶴崎関手永
大在北村　幸吉　十平
　　　　　宇市　為吉
　　　　　吉五郎
　　　　　□（峯？）吉
和作　　　佐吉　喜五郎
　　　　　　　　和治吉
　　　　　　　　和宗
右同馬場村
　　光次　源兵衛
　　米八　茂助
　　貞助　八重吉
右同濱村
　　角左衛門　政所村
　　梅太郎　小市
鶴崎関手永
高田手永志村
　　仁左衛門　山川□（町？）
　　丈吉　　　勝次
　　勘吉　　　八重吉
　　次左衛門
　　伊左衛門
鶴村
　新作
　御□（儀？）五
　音次
　貞次
　菊次
　辰吉
以上
　文吉
　房吉
　岩吉
　金八

3. 大工、山師の出身地

　これまでのコラムも含めて、たくさんの大工さん・山師の名前が登場しました。現在の社殿造営時である江戸時代の天保・弘化・嘉永年間に絞り、神殿・楼門の造営に関わった大工さん・山師の出身地をまとめてみようと思います。なお、今まで紹介した大工さんの名前が書かれた墨書にはこれらのものがありました。

一の神殿　付敷居　墨書

天保十一年
子七月六日□
八代郡種山
手永今村大工
幸吉

楼門　懸魚　墨書の一部

手附大工
松山手永　藤七
宮地　兵四郎
小川　松次郎
宮地　重太郎
小川　三平
井手村　壽七
内牧　常太
同　藤四郎
同　壽太郎
同　又市
同　久四郎
小川　富八
内牧　圓助
小川　庄蔵

　これらの大工さん・山師の出身地は地図上では下図の位置になります。

　熊本藩領は、天草地方や球磨・人吉地方を除く現熊本県一帯と現大分県の一部であるため、阿蘇神社造営に関わった大工さん・山師は、熊本藩領全域に渡っているといえます。個人的には、山師は内陸出身の人が多いのではと思っていましたが、比較的海に近い地域の方々のようです。

（なお、同一人物の可能性が高いのに墨書によって名前の文字や出身地が異なる場合がありますが、便宜上同一人物とみなし、名前の文字や出身地は今回のコラムに掲載した墨書のものに統一しています。）

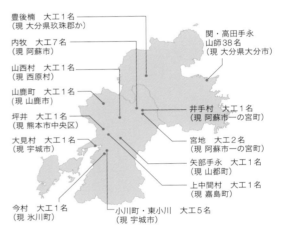

豊後楠　大工1名（現 大分県玖珠郡か）
内牧　大工7名（現 阿蘇市）
山西村　大工1名（現 西原村）
山鹿町　大工1名（現 山鹿市）
坪井　大工1名（現 熊本市中央区）
大見村　大工1名（現 宇城市）
今村　大工1名（現 氷川町）
関・高田手永　山師38名（現 大分県大分市）
井手村　大工1名（現 阿蘇市一の宮町）
宮地　大工2名（現 阿蘇市一の宮町）
矢部手永　大工1名（現 山都町）
上中間村　大工1名（現 嘉島町）
小川町・東小川　大工5名（現 宇城市）

大工・山師　出身地

　まとめてみると、大工さんは、棟梁水民元吉と同じ出身地の小川町から来ている大工さんと、阿蘇神社のある現阿蘇市出身の大工さんが大半を占めていることがわかります。また、造営に関わった山師はこの38名以外にもいたのでしょうが、銘板が残っているということは、上棟式にはるばる大分から参列しに来た山師たちなのでしょうか。詳しいことはわかりませんが、この大工さんや山師からみても、阿蘇神社造営は熊本藩が一丸となって行っていたことが垣間見えます。

（公財）文化財建造物保存技術協会　石田陽是

＊『阿蘇市文化財調査報告　第一集　阿蘇市指定有形文化財　阿蘇神社建造物調査報告書　一の神殿・二の神殿・三の神殿・楼門・神幸門・還御門』阿蘇市教育委員会生涯学習課・宗教法人　阿蘇神社、2006

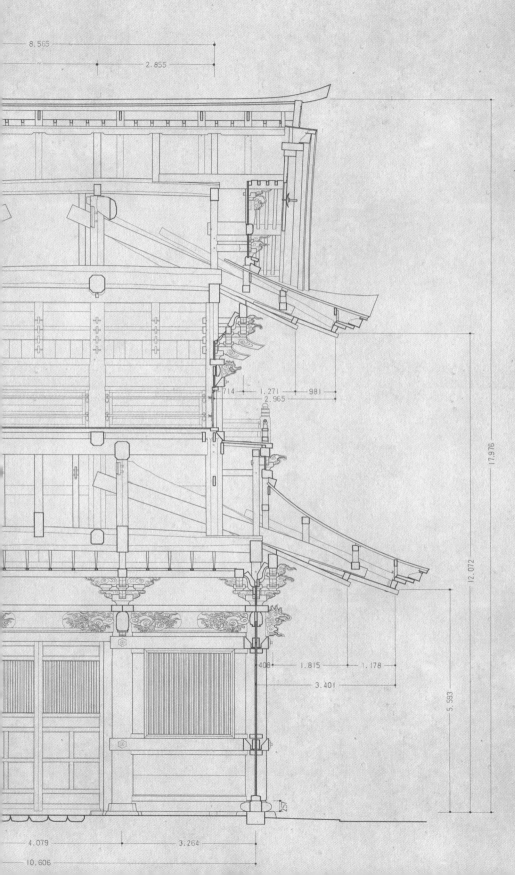

災害復旧事業スケジュール

阿蘇神社災害復旧事業の概要

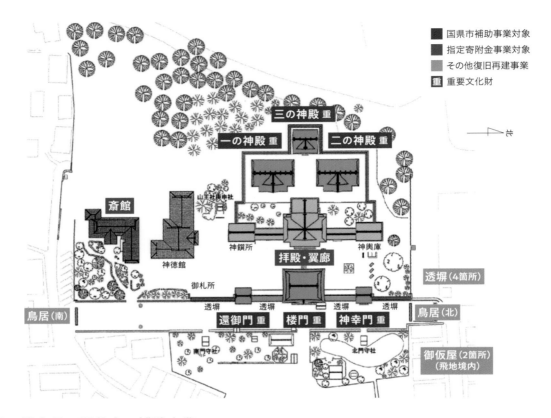

国県市補助事業対象
指定寄附金事業対象
その他復旧再建事業
重 重要文化財

三の神殿 重
一の神殿 重　　二の神殿 重
山王社庚申社
斎館
神鎮所　　　　　　神輿庫
神徳館　　拝殿・翼廊
御札所
透塀(4箇所)
鳥居(南)　　透塀　透塀　透塀　透塀　鳥居(北)
還御門 重　楼門 重　神幸門 重
南門守社　　　北門守社
御仮屋(2箇所)
(飛地境内)

国・熊本県・阿蘇市の補助事業

　国・熊本県・阿蘇市の補助金を充当した事業で、重要文化財6棟の復旧工事を実施した。

　文化庁が承認した技術者が建造時の工法や修理の痕跡等を調査し、そのうえで修理方法を定め、可能な限り部材の再用率を上げ、かつ耐震対策を講じる「保存修理」を行った。価値を損なわないための高度な専門知識と慎重性が要求される工事である。

　併せて、重要文化財を保護するための雨水排水施設整備工事、防災施設整備工事も補助事業として行った。

【活用した補助金】

国………国宝重要文化財等保存・活用事業費補助金(建造物)
　　　　　国宝重要文化財等防災施設整備費補助金(雨水排水施設整備、防災施設整備)

熊本県…熊本県文化財保存整備費補助金
　　　　　平成28年熊本地震被災文化財等復旧復興事業補助金

阿蘇市…阿蘇市文化財保存事業補助金

【対象】(国重要文化財6棟)
一の神殿
二の神殿
三の神殿
楼門
神幸門(みゆきもん)
還御門(かんぎょもん)

重 一の神殿 天保11年(1840)建立 部分解体修理 H30.7～H31.3	重 二の神殿 天保13年(1842)建立 部分解体修理 H30.7～H31.3	重 三の神殿 天保14年(1843)建立 部分解体修理 H30.7～H31.3	重 楼門 嘉永3年(1850)建立 全解体修理 H28.11～R5.12

重 神幸門 嘉永2年(1849)建立 部分解体修理 H30.7～H31.3	重 還御門 嘉永2年(1849)建立 部分解体修理 H30.7～H31.3	拝殿・翼廊 再建工事 R1.8～R3.6	斎館 昭和3年(1928)建立 復旧工事 H30.4～H30.11

鳥居(南・北) 再建工事 R2.10～R2.12	御仮屋(2箇所) 再建工事 R3.5～R3.7	透塀 再建改修 R6年度予定

指定寄附金事業

　寄附金が税控除される特例制度を活用した事業で、倒壊した拝殿の再建と斎館の復旧工事を実施した。

　いずれも近代和風建築として評価されてきたが、倒壊した拝殿・翼廊については部材の再利用が困難なため、被災半年後にやむなく解体して再建し、大規模損壊した神饌所・神輿庫は修理工事を実施した。斎館の損傷は激しかったが、できるだけ原状回復に留意した修理工事を行った。

【活用した寄附金制度】
熊本地震により滅失又は損壊をした建物等の原状回復のための寄附金(通称：指定寄附金)
※熊本県による事業確認が必要

【充当金】
指定寄附金、奉賛金(一般寄附金)、自己資金

【対象】
拝殿(翼廊・神饌所・神輿庫)、斎館

その他復旧再建事業

　奉賛金(一般寄附金)及び自己資金を活用した事業で、補助事業と指定寄附金事業以外の諸施設・構造物に対する応急対策や復旧、耐震性が確保できない老朽施設の再建工事などを実施した。祭祀を継続するための仮拝殿の設置も含まれる。

【充当金】
奉賛金(一般寄附金)、自己資金

【対象】
仮拝殿、鳥居、御仮屋、
その他災害復旧工事に関する付属工事

阿蘇神社災害復旧工事の経過

事業種別	名称	被害状況	平成28年度（2016） 前期	平成28年度（2016） 後期	平成29年度（2017） 前期	平成29年度（2017） 後期	平成30年度（2018） 前期	平成30年度（2018） 後期	
国・熊本県・阿蘇市の補助事業（重要文化財6棟）	一の神殿	部分損壊					部分修理 →	→	
	二の神殿	部分損壊			部分修理 →	→	→	→	
	三の神殿	損壊大		部分修理 →	→	→	→	→	
	楼門	全壊		解体格納 →	→	部材の修復 →	→	→	→
	神幸門	部分損壊			部分解体修理 →	→	→	→	
	還御門	部分損壊			部分解体修理 →	→	→	→	
防災施設整備事業（国庫補助事業）	雨水排水施設整備								
	警報・消化設備の見直し								
指定寄附金事業	斎館	損壊大			部分修理 →	→	→		
	拝殿（翼廊・神饌所・神輿庫）	全壊		解体工事 →	→				→
その他復旧再建事業	①仮拝殿の建設		建設工事 →						
	②御札所の移設補修		移設工事 →						
	③鳥居の解体と再建					解体工事 →			
	④御仮屋の解体と再建		解体工事 →						
	⑤透塀・回廊の解体と再建								
	⑥その他、塀・石塔など諸施設の復旧（スケジュールは一部抜粋）		応急復旧工事 →	→		拝殿材保存小屋工事 →	→		

	令和元年度 (2019)		令和2年度 (2020)		令和3年度 (2021)		令和4年度 (2022)		令和5年度 (2023)		令和6年度 (2024)	
	前期	後期	前期	後期	前期	後期	前期	後期	前期	後期	前期	後期

工程一覧（ガントチャート）

工程	期間
部材の修復・組立工事	令和元年度 前期 〜 令和5年度 後期
雨水排水施設（第1期）	令和3年度 前期
雨水排水施設（第2期）	令和5年度 後期 〜 令和6年度 前期
防災施設整備	令和4年度 後期 〜 令和5年度 後期
再建工事	令和2年度 前期 〜 令和3年度 前期
拝殿再建用材調達	令和元年度 前期 〜 令和3年度 前期
解体・移築工事	令和3年度 前期
鳥居再建用材調達	令和元年度 前期 〜 令和2年度 前期
再建工事	令和2年度 後期
再建工事	令和3年度 前期 〜 後期
廻廊解体／透塀解体／透塀再建工事	令和5年度 後期 〜 令和6年度 前期
扁額修理等	令和5年度 後期

重要文化財6棟の評価と熊本地震による被害

公益財団法人文化財建造物保存技術協会
事業部 重要文化財 阿蘇神社一の神殿ほか
5棟設計監理事務所 所長
大川畑博文

元吉とその流派

重要文化財（以下重文）に指定されている建造物は一の神殿、二の神殿、三の神殿、楼門、神幸門、還御門の6棟で江戸時代後期の天保年間から嘉永年間にかけて造営されたものである。

当時の造営は、複数の設計案から一つを選ぶ、今で言う建築コンペにより行われた。最終的に選抜されたのは、当時22歳の水民元吉による設計であった。元吉は一の神殿が小屋入りした天保10（1839）年から、嘉永2（1849）年に熊本藩の御用大工に任命されるまで、阿蘇神社棟梁としてその才能を発揮した。

住民の業績を評価、褒賞した際の記録である「町在」（（財）永青文庫所蔵）には、「根元取り掛かりの節は大工棟梁深川手永蠣穴村源十と申す者だったが、様子替にて翌年正月八代郡小川大工元吉に申付けた」とある。また、豊福社の手際が評価され、「元吉にも図面を引かせた所早速に顕し、宮殿等の高さも打ち替え、格好も一際宜しかったため棟梁を元吉に打ち替えた」とも記されている。造営工事の開始直前に、棟梁として白羽の矢が立ったようである。

今も現存する、元吉が十代で建築した豊福社（豊福阿蘇神社）は、妻面に装飾された彫刻が見事である。若くしてすでに造形的センスが完成されていた事が分かる。

阿蘇神社は、元吉の才能を思う存分に発揮できた建物であったと言えよう。その証拠に楼門の部材の仕口に自分の名前をあちこちに記していた。元吉

の直筆か、他の大工が書いたものか、区別が出来る程多くの墨書が散見されたのである。

元吉を棟梁とする大工集団を、仮に元吉一派とすると、その集団には岡田貞吉、藤七、兵四朗、藤四郎、重太郎、久四郎、又市、富八などの大工が含まれるだろう。この一派は、楼門が上棟した嘉永2（1849）年に、阿蘇神社の北、約1.5キロメートルの所にある井出菅原神社を造営した。その後も、阿蘇神社の拝殿を文久2（1862）年に造営した事が、両棟とも現存する棟札から明らかになっている。

平成19（2007）年に重文に指定された際に、作成された指定説明の指定基準には「流派的又は地方的特色において顕著なもの」とある。

元吉流の建登せ柱は、神殿3棟と楼門に共通する形式であり、彫刻の見事さは6棟に共通するところである。これらの共通性は、先に完成した豊福社にも見られる。また、元吉一派が造営した建物を含めるならば、流派としての特徴はさらに明らかになると思われ、今後の調査に期待するものである。

指定説明からの抜粋

重文指定時の指定説明には「阿蘇神社の江戸再興社殿は、中世の社頭景観の偉容再現を目指すという宿願のもと、細川藩の全藩的事業として遂行された。左右対称に展開する社殿配置はそれを具現したものであり、造営経緯や大工名が明らか

2階柱が建つ下層化粧隅木に記された墨書

嘉永元申十月坂梨手永中原村
岩下忠次郎屋敷内より御取出
大工棟梁
水民元吉

であることも価値が高い。これらの社殿は、いずれも規模が大きく、また、社殿の随所に施された彫刻は、上質で、江戸末期の時代的特徴をよく現している。さらに建登せ柱と挿肘木を用いて軸部を固めるなどの技法的創意もみられ、のちに藩御用大工となる棟梁水民元吉の高い力量を示している」とあり、評価が集約されている。

「町在」と墨書

「町在」には、造営の経緯についても詳しく記されている。

「阿蘇宮御造営之儀去ル天保六年六月十一日斧初ニ而取懸・・・去年（嘉永四年）十一月迄前後十七ヶ年ニ亘候御作事ニ而・・・数十万人之人馬召仕、入目銭惣斗千四拾貫目余ニ而、古今未曾有之大業成就仕、根方之役々者勿論ニ而、小頭共迄衆力一致、粉骨砕身之功労一人々々・・・」

「阿蘇宮御造営・・・前後十七ヶ年ニ亘・・・大造之御作事・・・誠ニ衆力一致之神魂相貫殊ニ棟梁元吉其任ニ叶神殿楼門之恰好等無申分出来仕先者未曾有之大業及成就・・・」とある。（　）は筆者記入。

この文書から阿蘇神社の完成時、すでに高く評価されていたことが分かる。釿初めの儀や上棟の儀についても詳しく、建物ごとの工事進捗や関わった大工ほか御造営御用懸など関係者の名前も登場し、当時の造営の様子がよくわかる。

楼門は約170年ぶりに部材が解かれ、今まで見えていなかった取合い部が表に出て、初めてそこに様々な墨書を見た。元吉が記した御用懸や大工の名前は「町在」の記述と一致する。

楼門の上棟後に、元吉の後を継いだ藤七の墨書もあったが、必ず棟梁水民元吉と書いた後に自分の名を記していた。三平は、「あら玉の歳の始に糸とりて萬の賽我れぞかきとる」と自分が彫ったであろう波の彫刻の裏に詠んでいた。今回は時を超えて彼らの息遣いを感じることが出来たように思う。

元吉の技量

阿蘇神社と豊福社との彫刻については、共通性も見られるので、少し紹介する。

まず、一の神殿の向拝中央に飾られている彫刻であるが、四霊の一つとされる飛龍が飾られている。一方、豊福社の妻面にも同じく飛龍が飾られている。飛龍は空を飛べる翼を持ち、魚のような尾びれが特徴である。両者の構図は同じであるが、阿蘇神社の飛龍は威厳ありげだが、豊福社の飛龍はやや幼げに見える。

次に、二の神殿の向拝中央に飾られている彫刻を見ると、花とつぼみの数から五七桐であるが、豊福社の方は、一見すると鷹や鳶といった猛禽類を思わせる鳥が飾られている。両者に関連性はあるのだろうか。

御造営御用懸を記した下層化粧隅木の墨書

藤七の墨書

三平の墨書

鳥がとまる木は、その枝葉が二の神殿の桐にそっくりである。桐にとまる鳥ならば、鳳凰であろう。二の神殿の桐は鳳凰の暗喩かもしれない。元吉の高等テクニックの一端を垣間見ることができたようである。

次に三の神殿を見てみると、南妻には大輪の菊が飾られている。この菊は葉の表と裏を見せながら、これから咲くのであろう幾つものつぼみを持って、右上に伸びている。一方、豊福社の鳳凰の下にも菊が飾られている。構図は三の神殿と同じである。鳳凰の脇役的な配置となっており、やや小振りであるが、洗練されたデザインは完成している。

面白いのは今回一の神殿で発見された壁板の墨画である。横嵌め板の裏側に、菊が描かれていたのである。神殿は一の神殿、二の神殿、三の神殿の順番で造営されている。神殿3棟の中で、菊が飾られているのは三の神殿だけである。そうすると一の神殿の造営中に、三の神殿の菊について、構想していたと思われる。下図と実物とは構図にやや違いが見られるため、下図はやはり素案であろう。豊福社の菊が成長すれば三の神殿の菊のように立派になるのだろうと思わせる。

次に、そのほかの彫刻について、2点取り上げる。

一の神殿の飛龍

豊福社の飛龍

二の神殿の五七桐

豊福社の桐に止まる鳳凰

三の神殿の菊

豊福社の菊

一の神殿の壁板に描かれた菊

豊福阿蘇神社(宇城市松橋町)

一つは重文6棟に共通して見られる木鼻である。虹梁型頭貫の木鼻は、神殿や神幸門・還御門を見ると、その正面と側面とは、彫刻の形状や複雑さを変えている。雲形文様を巧みに組み合わせた木鼻の横側は、どこか麒麟や唐獅子のような霊獣を思わせる。取り付ける場所によって差別化した理由の一つに、参拝者の視線を意識した点が挙げられよう。神殿は向拝周り、神幸門・還御門は正面、楼門は下層全体を特に荘厳に見せている。目の届く範囲は腕の見せ所としたのだろう。

余談だが、楼門の部材にあった墨画は、楼門の上層の木鼻にそっくりである。

2点目も木鼻に関する事である。一の神殿と二の神殿に共通する向拝正面の頭貫の木鼻は、雲形文様を組み合わせ、抽象的な霊獣とする。一方で、三の神殿の妻面の唐獅子は、躍動感があり写実的である。両者は表現の手法は異なるものの、見比べるとよく似ていることに気付く。もし同じ唐獅子を表現しているとすれば面白い事である。

元吉の創意工夫

元吉が創意工夫した技法の一つに、建登せ柱が挙げられる。楼門の各階の丸柱は、台輪から上を方形に落として、大桁（野桁のこと。墨書あり、造営当時の名称）まで延ばし、建登せ柱としている。

組物の肘木は、方形の柱に枘差し、込み栓や鼻栓止めとする。大桁から上の荷重が、柱に直接伝わるよう設計されている。

組み上げ式の組物は柔構造とされるが、差し肘木形式は剛構造に近い感じで、建物を堅固にしようとした意図が酌める。

楼門上層の木鼻

二の神殿の向拝正面頭貫の木鼻

発見された墨画

三の神殿の唐獅子

当時採用された新しい工法と言えるであろう。

次に、創意工夫した技法として、2階の隅柱が挙げられる。この柱は下層の化粧隅木に輪薙ぎ込み、柄差しで建っている。珍しい構造である。下層化粧隅木はケヤキ材で、成が70センチメートル、長さが10メートルもある部材である。大桁の四隅に45度で落ち掛かり、尻は専用の束に挿し、先端は大桁から5メートル外に出るが、その状態で荷重バランスが取れている。

2階の柱は、1階の側柱より内に入り、平面規模を低減する形を取るため、通し柱はない。元吉の墨書は、創意を凝らした2階の柱が建つ仕口に記されており、柱を解かなければ見ることが出来ないのである。

熊本地震による被害

一の神殿は、南西の隅柱の足元が開いた。引っ張られた足固めの柄は込栓で破断し、柱と足固めとの間に隙間が空いた。柱間が開いたため、横嵌め板が斜めにずれ落ちた。亀腹状の基礎石と地長押、内法長押は隅部の留先が開いた。通り肘木を受ける巻斗は、一部が落下した。枠肘木の一部は破断し、ずれが生じた。木製の六葉は、止め釘の錆膨張部で、一部が落下した。

二の神殿の浜縁は経年による腐朽があって、全体に歪みが生じた。背面の腰長押は一部が落下した。向拝柱の海老虹梁は、過去に雨漏れがあったようで、取付き部が腐朽し、柱から脱落しかけていた。室内は内壁板と、内外陣境の腰長押が落下した。回り縁は高欄の親柱と架木等が分離した。向拝柱は礎盤からずれた。亀腹石の隅部は留が

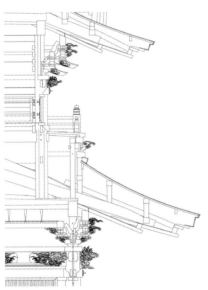

1階と2階の建登せ柱断面図

一の神殿の背面壁板のずれ　H30.6.28

下層の化粧隅木（三丁継ぎして鋼材で補強している）　R3.7.30

二の神殿の浜縁の歪み　H28.6.20

開いた。石段はずれて縁束が割れた。

　三の神殿は、礎盤が礎石から脱落した。向拝柱は礎盤からずれ落ちて傾いた。柱頭の組物と虹梁は柱と共に下がり、丸桁と分離した。回り縁束の柱脚は、地震の反動で一度跳ね上がり、柄が束石から抜け、束は傾いた。向拝柱の大斗は割裂した。登り高欄の架木は折れた。内壁板は落下した。幣軸は脱落した。板唐戸の軸部は割れた。天井回り縁や格縁は歪んだ。軒下の三和土は亀裂と散り切れが生じた。雨落ち石は沈下した。

　同じ構造の神幸門と還御門は、2棟とも親柱上の組物が崩壊し、袖柱は足元が動いた。この2棟は、親柱に後世の鉄筋コンクリート製の柱が添えられているが、構造解析すると、屋根にかかる地震力が、親柱上の組物に集中することが分かった。解析の通り破損したと言える。

　楼門の破損は大きく二つ挙げられる。一つは、各階の柱頭部における曲げ破断と割裂破断である。これによって軸部と屋根部が大きく分離した。もう一つは、各階の動きの違う倒壊によって、二層が重なるように倒れて生じた、膨大な圧壊である。

　落下した下層の屋根は10度程右回転し、北に約5メートル移動した。上層の屋根は下層の屋根よりさらに20度程右回転し、さらに北に約3メートル移動した。全体で見ると上層の屋根は30度程右回転し、北に約8メートル移動した事が分かった。

　屋根は傾いて軒先から地面に落ちた。化粧隅木はどれもケヤキ材であるが、下層の北西の隅木は2階の柱が建つ位置で軸方向に180度回転してねじ切れ、下層の南西の隅木は破断には至らなかったが折損した。

　楼門の破損について、記述しきれないので、他は省略する。

地震直後の三の神殿　H28.4.16

楼門の1階柱の破断　H29.9.27

神幸門の親柱上の組物の崩壊　H29.2.14

2階柱の背面への倒壊　H29.5.25

折り重なるような倒壊

ねじ切られた下層化粧隅木　H29.9.1

楼門が倒壊した原因

　阿蘇に到達した本震は、３秒付近に長周期成分を多く含む波であった。阿蘇神社は堆積層からなるカルデラの中にある。カルデラは波を増幅させる特性を持つという。楼門は１階に屋根を持つ二重門であるが、構造を解析すると各階は動きが異なる免振構造のような働きを持ち、傾斜復原力を考慮したとしても固有周期は２秒付近にある事が分かった。

　楼門は、増幅された長周期の地震波に共振して、倒壊に至ったと推定された。

　震度６弱の本震ですぐに共振が始まった訳ではなく、最初は構造の解析通り１階が免震の働きをしたと思われる。１階は地面と共に動くが、２階は動か

ず留まった状態がしばらく続いた後、２階も地震に共振して揺れ出したのではないだろうか。

　各階が波打つように揺れた場合、１階の柱頭付近に掛かる負担は相当なものだったと思われる。共振に耐え切れなくなった段階で、桁行方向が弱いと診断された方向に柱は曲げ破断し、そのまま横に倒れ、バランスを崩した２階は背面に向かって倒れたと想像される。

　余談だが、前震には防犯カメラに微動だにしない楼門の映像が残っていたが、本震は断線により何も映っていなかった。倒壊の様子を目撃した人が、誰一人いないのである。

創意工夫箇所の被害

　楼門の地震被害は、元吉が創意工夫を凝らした柱や化粧隅木といった部分の損傷が大きかった。

　１階の柱頭破断した10本の柱は、棟通り両脇は２本取り替え、正面と背面の８本は新しい工法を採用し、健全部分を生かすことが出来た。

　２階の４本の隅柱は検討したが、１本も再用する事が出来なかった。４本取り替えた内２本は保存材として楼門の２階に保管した。

　化粧隅木の破断した２本は３丁継ぎし、折損した１本は破損部を赤身に置き換え、それぞれ鋼材で補強する工法を採用し、健全部分を生かすことが出来た。もし取り替えであったならば、ケヤキの大材は入手困難で、入手出来たとしても乾燥していなければ、加工後の乾燥収縮による変形が懸念されたため、サイボーグのようだと言われた事もあったが、結果的には良かったと思う。

　今回の修理は、多くの技術者や専門家や職人による、現在の創意工夫があった事を申し添えておきたい。

保存修理工事の特色

文建協 　大川畑博文

はじめに

重要文化財に指定されている建造物は、令和5年9月1日現在5,373棟、国宝は294棟となっている。阿蘇神社には6棟の重文が存在する。これらの建物は日本の歴史的な文化遺産としてその価値が認められ、これまで継承されてきたものであり、これから先も次世代に引き継いでいくものとして、良好な状態で保存されることが望まれている。

文化財建造物と修理

建造物は放っておけばいずれは朽ち、崩れてしまうものであるが、文化財に指定された建物は、その価値を損なうことなく手厚く保護される対象になっている。健全な状態を保持していくためには、必要に応じて行う保存修理が欠かせないのである。

この保存修理は、国庫補助金の交付を受けて行われる場合が多い。そして国の交付に合わせて、都道府県や市町村からも公益上の観点から補助金が交付される場合が多い。

保存修理事業では、設計監理が補助対象になっている。その理由の一つに、文化財の価値を維持して修理を行うには、適切な設計監理が欠かせないといった点が挙げられる。

伝統的な技法が用いられて出来上がっている建物が、どのような材料が用いられ、どのように加工され、どのように組まれているのか、また、当時の職人がどのような意図で建物を作り上げたものなのか、

等が大事になってくる。

そのため、専門知識を学び、実務を通して経験で会得した技術を持つ主任技術者が、文化財建造物の設計監理に当たる事が定められている。その主任技術者は文化庁が主催する文化財建造物修理主任技術者講習会で教育を受けて、承認を受けた者でなければならないとされている。

文建協とは

公益財団法人文化財建造物保存技術協会（以下文建協）は、100人以上の技術系職員を擁し、主に重要文化財建造物の保存修理の設計監理業務に携わっており、主任技術者がいる奈良県と京都府と滋賀県と和歌山県以外で、全国的に展開している。

災害復旧事業の経緯

今回は熊本地震の被害を受けて始まった災害復旧事業であって、通常の一般修理事業とは趣を異にする。被災した重文がそれ以上被害が拡がらぬよう、迅速に事業化する必要がある。

平成28年度は国の補正予算で事業を起こせたが、年度内に経費の支出を終える事が出来なくなったため明許繰越し、さらに次の年度は事故繰越しを行う事になった。

29年度は28年度繰越しとは別に、災害復旧の効率的な運営を目的として、補正予算の補助金交付申請を行ったが、資材価格の高騰や複数業者による競争入札への切り替え等により、年度内に契約が出来なくなったため、工期延長の計画変更承認申請を行った。

以上により平成28年度と29年度は事業が複雑化した。また、30年度は補助金申請上の事業はないという状況になったが、工事は途切れることなく

続けた。

　令和元年度以降は一般予算から国庫補助を受けて、通常の保存修理事業を展開した。

倒壊した二つの建物

　熊本地震では重文6棟のほかに、境内の建物も深刻な被害を受けた。

　拝殿は楼門と同様に倒壊した。文久2（1862）年に岡田禎吉らによって建てられた拝殿は、戦中から昭和23年にかけて、当時内務省神祇院の直営工事として、造営課長角南隆の元、伊賀上技師による設計で建て替えられた。重文の指定を受けていなかったが、阿蘇神社の拝殿として70年近く経った建物であり、修理の検討がなされたが、結果的には解体して新築する方法が選択された。

　地震発生から1週間後に文化庁による現地調査が行われた。倒壊した楼門は修理可能と判断され、指定を解除される事も無く、国の補助を受けて復旧する事になり、熊本県と阿蘇市も補助金を交付して、災害復旧事業が行われる事になった。

　この件からわかるように、重文に指定された建物は、国県市から手厚く保護を受けて修理されるが、指定を受けていない建物は、所有者の判断に委ねられる。という事態が同じ境内で生じた。

　拝殿には、今では入手できない台湾檜が使われており、取り壊しの際に材料を幾分か確保した。神殿3棟は、戦時中に台湾檜を用いて浜縁周りが改修されていたが、拝殿の確保材を神殿3棟の補修材として活用する事が出来たのは幸いであった。

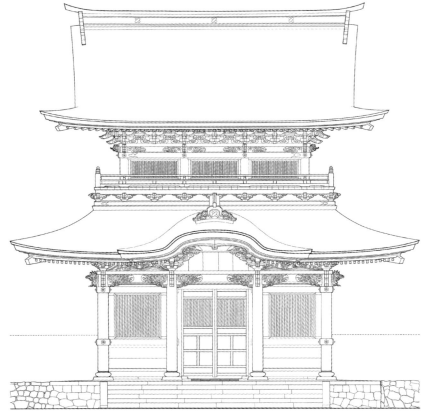

保存図（正面図）　文建協 谷口征雅製図

通常の解体前の調査

　神殿3棟と神幸門・還御門は、破損した箇所を部分的に修理する「部分修理」を行った。一方、楼門は倒壊したため、一旦部材を全て解体して破損部を補修した後、再び組み立てる「解体修理」を行った。

　解体と言うと、重機を用いた取り壊しが一般的にイメージされるが、文化財修理における解体は、どちらかと言うと分解である。

　木造建造物は分解出来る点が特徴であり、木造建造物が多い日本では、必要範囲を解体して修理を行う手法が古来取られている。

　通常の文化財修理は建物がそこに建っている状態で、どこがどう傷んでいるかをじっくり調査する。元の状態がどうであったかを多岐にわたって記録しておくのは、元通りに直すためである。

　具体的には、建物の外観や内部を詳細に写真撮影して記録する。

　平面図はともかく、重文とは言え、立面図や断面図がない場合が多い。その際は図化するための「実測調査」を行う。建物をよく観察してスケッチし、各部の寸法を測っていく。解体修理の成果品の一つに「保存図」というものがある。これは完了時に文化庁に納めるが、今回楼門はその対象になっている。精度を高めた実測図が、保存図となる。

　また、破損の原因究明のため、修理方針を決めるため、修理に係る費用を算出するため、工事発注図書を作成するため、等の目的で建物の「破損調査」を行う。建物の平面や立面、断面、あるいは展開図や伏図等を手書きして、破損の状況や要点等を書き込んで記録する。方眼紙が用いられ、現場で書き込んでいくので野帳と呼んでいる。

倒壊前の写真の公募

　楼門の修理前を出来るだけ把握する目的で、写真を公募した。報道取材の場で、倒壊前の写真を募りたいと公表し、新聞やニュースにて多くの人に呼びかけてもらった。公募写真は一月で約1000点が集まった。それらは部材の位置や向きの判定に役に立ち、多くのご厚意に大変助かった事を報告したい。

倒壊してから始まった修理

　目視して観察することで建物が見えてくる。2階や小屋裏にどのような空間があるのか、部材の納まりはどうなっているか、解体時に注意すべきはどこか等、何となく分かるのである。

　建物の耐震診断は、まず現物を見てどこに弱点がありそうか見当を付ける。そして、小屋裏や床下等の空間を見て、ここにこんな部材を入れて補強すればいいとか、この懐には大きい材料は入らないとか、色々思案するのだが、今回は出来なかった。

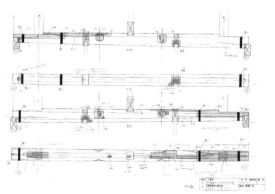

牛梁の野帳（補修案）

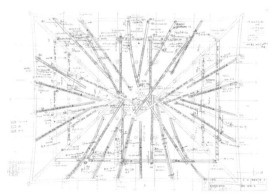

上層桔木の野帳（補修案）

解体前の調査が思うように出来なかった、このことは、後々まで影響を残すことになったのであるが、結論から述べれば、建っている状態がどういう感じなのか、実は修理の終盤になって、ようやく実感することが出来たのである。このような事を言えば、そんな心許ない技術者に修理は任せられないと言われるかもしれない。楼門の全体像を見渡す事が出来たのは、素屋根に設置された軒足場を解体した時であり、その時「こんな大物を相手にしていたのか」といった感想を持った。各階の軒足場から見える範囲は限られており、楼門の一部ずつを相手にしていたのだと実感することになったのである。

解体前に出来なかった写真撮影、実測調査、破損調査、図面作成、耐震診断等は解体中、あるいは解体完了後に行った。耐震補強の実施設計は、実測図と野帳の伏図を用いて行った。

楼門の組立工事用の発注図、特に補修図は、主に手書きの伏図を用いた。精度の高いCADを用いた図面は作成不能と判断したからである。

組み立て中の難関は、既設と耐震補強との納まり、取合い部の施工であった。解体前に懐具合を見る事が出来なかった点は、施工進捗上の痛手となった。鋼管柱や水平構面の鉄骨材、摩擦ダンパーは、ここにしか入れられないと言った、ミリ単位の精度が求められたからである。

解体の手順と手間

当初、現場代理人や宮大工の方々とは、どこから始めようかといった話はよくしたが、安全を確保して手を付けられるところからやりましょうという結論に終始した。崩れたなりに上から順番にやるにしても、第一にやる事はそれ以上崩れないように下で支えをする事であった。この崩壊防止の補強は事前によく

3階軒足場が取れた楼門　R5.2.20

姿を現し始めた楼門　R5.6.20

2階軒足場が取れた楼門　R5.2.27

既設と鋼管柱と水平構面の納まり　R3.7.2

検討し、その都度、緊張感を持って複数人で行った。

　その通りに組み立てるための番付札も、事前に打つというより、解体しながら、あるいは解体した後に打ったところもある。通常の手順と違う場合も少なからずあった。

　解体においては、倒れたことで、ねじれたりゆがんだりして素直に抜けず、抜くために一旦直角に戻し、それから抜くという一手間、二手間が必要になったのである。

崩壊防止の筋違　H29.3.27

崩壊防止の屋根の支え　H29.4.7

たわんで容易に抜けない母屋　H29.4.25

素屋根の建て替え

　解体を伴う修理の場合、雨風から建物を保護し、全天候型で工事を行うため、素屋根と呼ばれる覆い屋を設ける。今回は、楼門が横に8メートル移動して倒れたため、倒壊した位置で解体用の素屋根を設けた。解体完了後に素屋根は解いた。

　次に、基礎の耐圧盤を打設し、耐震補強用の鋼管柱を建てた後に、所定の位置に組立用の素屋根を建てた。素屋根を建て替えたのは、解体と組立を兼ねる事が出来なかったためである。

遷座、朝拝、お祭り、見学会など

　緊急度と工程手順を考慮して、三の神殿、二の神殿、一の神殿の順番で修理を行ったが、神殿には神様が祀られているので、各神殿に着手する際は、先に遷座が必要であった。遷座はその都度、神社様にご対応していただき、工事を円滑に運営することができた。

　神殿3棟は、工事の様子を外からむやみに覗かれることがないよう幕を張ったり、仮設の建具を取り付けたりした。

　安全面については、特に警戒し注意を払ったが、毎朝、神職様に工事関係者はお祓いをしていただき、参拝もさせていただいた。そのお陰で、全工事の期間を通じて無事故で終えられた事は何よりであった。

楼門解体用の素屋根　H28.12.28

保存修理工事の特色 ── Disaster Recovery

神社は毎月、定例会議を開催した。熊本県や阿蘇市の担当者、工事関係者が出席し、工事運営の円滑化を図った。また、修理委員会も適時開催し、事業を運営した。

工事の進捗や予定については、区切りを見て報道機関に公表した。また、1年を通じての神事やお祭り、安全祈願祭や立柱式や上棟式などの式典、工事中に墨書や文書等の発見物があった時は、復旧状況と合わせて、新聞やニュースに取り上げてもらった。割と細かく、復旧の様子は伝わったのではないだろうか。

楼門の素屋根の正面には、実物大の写真を貼った。これは工事を請けた清水建設のご厚意であったが、評判は良かった。

県内の小学校、中学校、工業高校等の現場見学会も神社のご意向で、多く受け入れた。新型コロナが流行って外出が自粛された時期に、見学できなかった生徒さんは、完成した楼門を見に来て欲しいと思う。

最後に

最初に衝撃を受けたのは、倒壊した楼門の姿を見た時だった。自分に務まるのか、不安は先行した。結果が全て、とはよく言われる。しかしながらその評価は、人が決めるもの、如何様にでも、である。私たちは、設計を行う過程で認可された、設計図や仕様書に基づいて、監理を行う。文化財の修理は、これぞという答えがあるようであり、ないようでもある。ぶれずに済む日は恐らく来ないだろう。ならば複数で補っていけばよいのではないかと思うのである。楼門が元の姿に戻って、日常を取り戻しつつある今、復旧に関係のあった方々の誰一人が欠けても成し得なかった事だと心から思っている。

総合定例会議　R3.12.16

楼門の上棟祭　R4.9.2

修理委員会　R4.1.20

一の宮小5、6年生見学会　R3.10.16
（阿蘇市教育委員会撮影）

神殿３棟と神幸門・還御門の修理工事

文建協　大川畑博文

はじめに

　災害復旧工事として、最初に取り掛かったのは、三の神殿の倒壊防止を目的とした緊急対応工事であった。これは文建協が阿蘇神社様と業務委託契約を結ぶ前に、神社様が独自に発注した工事である。補助金申請の承認前に事前着工の許可を得て行った。工事を請けたのは小山社寺工業所であった。

　被害の大きかった正面は、向拝柱の両脇と柱間に合わせて４箇所、井桁を組んで柱の代わりとし、丸桁と虹梁を支えた。背面は、両脇の回り縁の下に井桁を組んで縁葛を支えた。これにより本震後に度々あった余震に耐える事ができた。

　災害復旧事業は、平成28（2016）年７月15日付で交付決定通知があり、補助事業として着手した。設計監理業務は、同年８月23日に文建協と委託契約を結んだ。工事は、神殿３棟と神幸門・還御門の部分修理ならびに楼門の解体格納を第一期工事として、指名競争入札を実施し、清水建設

株式会社九州支店が落札、同年10月３日に請負契約を結んだ。

　神殿３棟は、緊急度と工程手順を考慮し、三の神殿、二の神殿、一の神殿の順番に、神幸門・還御門は、神殿と並行して修理を行った。以上５棟については、平成30年度を以て復旧を完了した。

一の神殿の修理

　不陸が生じていた雨落ち石は背面の５メートルを、不同沈下のあった回り縁の束石は南面と北西隅の５ヶ所を据え直した。

雨落ち石の据え直し　H30.10.22

　軒下の三和土は、亀裂や散り切れが発生したため撤去し、白セメント入りの三和土で復旧した。現状の表層のモルタルを撤去すると、中から玉石状の敷石が現れた。これらは、当初の可能性があったため、できるだけ動かさず、そのまま存置した。

応急処置が施された三の神殿　H28.6.21

モルタル下に在った玉石状の敷石　H30.11.5

　一の神殿は、南西隅柱の足元が開き、横嵌め板がずれ落ちる等被害を受けた。南西隅柱の建入れ直しのため、北と東に延びる壁板を一間分取り外し、柱と基礎石との摩擦抵抗を軽減するため、南西隅柱と床梁をジャッキアップし、柱頭の開きを防止するため、西面にて柱頭の対角方向に襷を掛けた状態で、南西隅柱の足元をチェーンブロックにて北側に引き寄せ、柱を元の位置に戻した。

　破損が大きかった木階と浜縁は一旦解体し、傷んだ箇所を繕って、再び組み立てた。

ずれ落ちた壁板　H28.4.27

隙間が空いた壁板と足固め貫　H28.6.20

傾いた木鼻と蟻枘穴の腐朽　H30.6.28

壁板の取り外し　H30.7.24

床梁のジャッキアップ　H30.8.1

柱頭の開き防止用の襷がけ補強　H30.8.1

木階の解体　H30.7.17

石階段の解体　H30.11.26

破損部の繕い　H30.11.13

木階の復旧　H30.12.17

経年によって湾曲が生じていた南面の2枚のケヤキの壁板は、毛布を巻いて水分を含ませ、端太角で両面を挟み、クランプで締め付け、数日間ふやかしながら矯正した後、横方向に5本鋸目を入れ、縦方向に4本吸付き桟を入れ、ゆがみ直しを行った。

湾曲したケヤキの壁板　H30.8.31

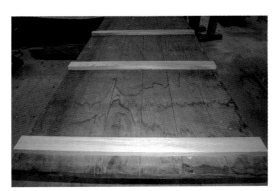

歪み直し後の壁板　H30.9.4

神殿3棟は、耐震診断の結果、水平剛性と負担水平力ともに小さいことが判明した。今回、神殿3棟は部分修理を実施しており、解体する範囲は限定されていたが、できる範囲で最大限の耐震性能を確保すべく、床下で方杖補強を行う事とした。これにより文化庁が設定する「復旧可能水準」（大地震動時に倒壊の危険性があるが、文化財として復旧できる水準）の耐震性能を確保する事ができた。

一の神殿床下での方杖補強　H30.11.8

亀腹石の隅部に生じた割れや隙間は、今回基礎まで解体に含まれていないため、目地セメントを用いて、外観上の整形を行った。

　一の神殿は、内部や外周りが傷んだり、歪んだりした破損部を元の状態に直し、平成31年1月に修理銘札を取付けて、本体の修理工事を完了した。

南西隅の隙間が生じた亀腹石　H28.4.27

復旧が完了した一の神殿　H31.4.26

二の神殿の修理

　不同沈下が生じていた回り縁の束石は北側3箇所、南側1箇所を据え直した。

　軒下の三和土は、一の神殿同様、現状の表層モルタル下から出土した玉石状の敷石をできるだけそのまま存置し、目潰し後、白セメント入りの三和土で復旧した。

束石の据え直し　H30.8.9

軒下三和土の復旧　H30.10.30

脱落した木階の切目長押　H28.6.20

経年の腐朽と相まって破損の大きかった浜縁と木階を一旦解体し、破損部を繕って、再び組み立てた。

落下した背面の腰長押と内外陣境の腰長押は、元の通り復旧した。ずれ落ちた内部の壁板は一旦取り外し、元の通り復旧した。

高欄の親柱から脱落した架木や平桁、地覆は柱間を調整し、元の通り納めた。

脱落した内外陣境の腰長押　H29.5.11

ずれ落ちた内壁　H29.5.11

浜縁の復旧　H30.12.11

隙間が空いた高欄親柱と水平材　H28.6.20

木階の復旧　H30.12.18

脱落した背面中央間の腰長押　H28.6.20

高欄の柱間調整　H30.12.19

北端の向拝柱は、屋根の軒裏に雨染み跡が残っており、過去に雨漏れがあったようである。丸桁を伝って落ちた雨は、柱頭の組物付近に滞り、仕口部分を腐朽させていた。被害が大きかったのは海老虹梁と向拝柱との取合いで、蟻の枘穴が腐朽し、海老虹梁が脱落しかかっていた。そのため柱頭は継木補修を行う事とし、一旦柱上の組物と、柱に掛る海老虹梁と虹梁型頭貫を解体し、柱は継木を、虹梁は腐朽部を補修し、再び組み立てた。腐朽が甚大だった大斗は取り替えた。

一の神殿と同様、経年によって湾曲が生じていた南面の2枚のケヤキの壁板は、ふやかしながら矯正した後、横方向に5本鋸目を入れ、縦方向に4本吸付き桟を入れ、ゆがみ直しを行った。

向拝柱の柱頭と組物の腐朽　H30.4.17

柱頭で継いだ向拝柱　H30.10.19

向拝柱上の組物の解体　H30.9.5

湾曲を矯正したケヤキの壁板　H30.9.6

柱に掛る虹梁型頭貫の解体　H30.9.6

耐震補強は、一の神殿と同様、床下で方杖補強を行った。

留め部が開き、割れが生じていた亀腹石は、一の神殿同様、隙間を目地セメントで埋めて、外観上の整形を行った。

二の神殿は、内部や外周りが傷んだり、歪んだりした破損部を元の状態に直し、平成31年1月に修理銘札を取り付けて、本体の修理工事を完了した。

三の神殿の修理

三の神殿は、柱が傾いたり、建具が落ちたりする等して被害は甚大であった。

部分修理の取り掛かりは、緊急対応工事で組んだ井桁を撤去し、向拝周りにステージ状の足場を組んで、傾いた向拝柱の建入れ直しを行った。向拝柱上の組物は落下した部材の替わりに飼い物を入れて、

床下での方杖補強　H30.9.7

三の神殿の被災直後の様子　H28.4.16

整形した亀腹石　H30.11.2

向拝柱の建入れ直し　H28.12.8

復旧が完了した二の神殿　H31.4.19

向拝柱の柱間調整　H28.12.21

ぐらつきを防止し、柱が自立できる状態にした。

　次に、向拝周りの足場を解いて、破損の多い木階と浜縁を解体し、開いた柱の足元を元の位置に戻した。

　南側の脇障子は、縁束と一連で立ち上がるため、脱落した縁束も一旦取り外した。

　この時の解体で、方立の裏に記された当初の、元吉の直筆の墨書を発見した。

脇障子下の大斗、縁葛の組立て　H29.11.6

方立の当初の墨書　H28.12.21

卯五月七日之書
下益城河江手永　小川町産　棟梁　水民元吉
同　御棟上　天保十四年卯四月十八日
当御社　御児屋入　天保十三年　寅霜月二日

脇障子の組み立て　H29.11.8

木階、浜縁、脇障子の解体した部材の破損部は、埋め木、剥ぎ木、継ぎ木等の繕いを行って、再び組み立てた。脱落した組物の部材は、元の位置に戻し、向拝の中央に飾られていた蟇股の欠落していた葡萄も、元通りに戻した。

向拝柱の位置決め　H30.4.27

修理前の蟇股　H30.3.26

葡萄を復旧した蟇股　R5.10.19

軒下三和土の施工　H30.9.11

浜縁の組立て　H30.5.25

床下での方杖補強　H30.4.4

　不陸のあった雨落ち石は全周を、不動沈下の
あった向拝柱礎石と束石はすべてを、据え直した。
軒下は、他の神殿と同様、現状の表層モルタルの
下に在った玉石状の敷石をできるだけそのまま存置
し、目潰し後、白セメント入りの三和土で復旧した。
　耐震補強は、ほかの神殿と同様床下で方杖補強
を行った。

　脱落した内外陣境の中央の幣軸や、ずれた内壁
板、軸部が折損して脱落した板唐戸、入隅の留め
がずれた天井長押等の造作材は、必要最小限の
部材を取外し、元の通り復旧した。
　三の神殿は、平成30年12月に修理銘札を取付
けて、本体の修理工事を完了した。

雨落ち葛石の据え直し　H30.7.25

復旧が完了した三の神殿　R1.5.22

神幸門の修理

不陸が生じた雨落ち石は、背面4.1メートルを据え直した。

親柱上の崩壊した組物は、一旦解体し、補修した後、組物の上の妻梁をジャッキアップし、再び組み込んだ。

割れて脱落した蟇股は、割れ部に太柄を入れ、接着剤で接合し、元通り復旧した。

内部が腐朽していた唐居敷きは、一旦鋸で切断し、腐朽部を取り除き、中に新材を補って、表面は古材を用いて、元の通り塞いだ。

ここは唐居敷きだけでなく、その上に建つ親柱も足元が腐朽していたため、手の届く範囲で中を取り

雨落ち石の据え直し　H30.3.22

蟇股の補修　H29.7.14

崩壊した親柱上の組物と蟇股　H29.2.13

唐居敷きの腐朽部の取り除き　H30.6.25

組物の復旧　H29.9.13

復旧した唐居敷き　H30.6.29

除き、存置部がしっかり荷重を負担できることを確認した上で、空洞を新材で埋め木した。

　干割れや変形が生じていた扉のケヤキ板は、一旦取り外し、最小の範囲で傷んだ箇所を取り除き、新材は古材に馴染むように剥ぎ木した。

　正面の石階段は、両側の耳石と乱れのあったその下の石積みを一旦解体し、不陸のあった石段は部分的に取り外し、据え直しを行った。

　構造が同じ神幸門・還御門について、耐震診断を行った結果、後世に設置された親柱脇の鉄筋コンクリート製の添え柱と、一連の地中梁が耐震に有効と評価されたので、今回補強は行わなかった。

　この神門2棟は、袖柱が梁間方向で1寸内側に転んでいる。神幸門は、開きのあった袖柱の足元を元に戻し、平成30年12月に修理銘札を取り付けて、本体の修理工事を完了した。

柱足元の腐朽　H30.6.7

復旧が完了した神幸門　藤田晴一氏撮影　R1.10.7

門扉ケヤキ板の繕い　H30.4.18

不陸のあった石段の据え直し　H30.10.15

還御門の修理

　親柱上の崩壊した組物は、神幸門同様、一旦解体し、破損部を補修した後、組物の上の妻梁をジャッキアップし、再び組み込んだ。

　正面の桁行虹梁は、蟻掛けの袖柱への掛かりが浅かったため、L型金物を下端に取り付けて落下防止を図った。虹梁の下には、持送りが取り付くため、金物を隠すことができた。

　南側の親柱下の唐居敷きは、後世にコンクリート製に替えられていたが、状態が良くなかったため撤去し、木製に取り替えた。

　正面の石階段は、北側の耳石とその下の石積みを一旦解体し、不陸のあった石段は部分的に取り外し、据え直しを行った。

　欠けのあった石段は、境内に確保していた石材

崩壊した親柱上の組物　H29.1.20

外れかかっている正面の桁行虹梁　H29.6.7

肘木の蟻枘穴の繕い　H29.3.13

L型金物による補強　H29.7.12

組物の復旧　H29.6.28

コンクリート製の唐居敷きの撤去　H30.6.18

から、似通った石を選別し、剥ぎ材として活用した。貼り合わせ面は、接着剤のほかズレ防止にステンレスピンを用いた。

　閉じた状態の高さが、左右で異なっていた門扉は、北側の上下2箇所の肘壺金具の間に、鉄製の飼い物を入れて高さを調整した。飼い物は2材とし、接合部の相欠きに鉄製のピンを仕込んで、ズレ防止とした。

鉄製の飼い物　H30.11.21

　肘壺金具を止める、欠失していた金具は在来に倣って、神幸門は1本、還御門は2本新調し、肘金物と壺金物を固定した。

　還御門は、開いた袖柱の建ち位置を調整し、平成30年12月に修理銘札を取り付けて、本体の修理工事を完了した。

ケヤキに取り替えた唐居敷き　H30.8.29

袖の石積みと石段の解体　H30.9.13

ステンレスピンを挿入した補修　H30.9.21

復旧が完了した還御門　藤田晴一氏撮影　R1.10.7

最後に

　災害復旧事業は、被災による破損部の復旧を主として行う。神幸門・還御門は42年経過した銅板葺であったが、破損がなかったため葺替えは行っていない。今後永く護られていくために、それぞれの建物は、必要に応じてまた修理が行われるだろう。これまでの歴史をこの先に紡ぐために。それは「言うは易く行うは難し」を伴うものでもある。

修理工事こぼれ話

阿蘇神社に残る江戸時代の棟札

建物を新築・修理した際、縦に細長い板に新築・修理の記録を墨で書いたものを作ることがあります。この板のことを棟札と言います。歴史的建造物の来歴を調べるときに棟札が残されていますと、建築年や工事に関わった方々のことなどが判明しますので、棟札はとても貴重な史料と言えます。阿蘇神社にも様々な建物の様々な棟札が残されていますが、江戸時代に作られた棟札も2組残されています。今回はそれらの棟札を紹介します。

1. 一の神殿棟札

一の神殿の棟札は2枚で1組となっています。1枚目の表面と2枚目の表面に連続した文章が書かれており、2枚目の裏面には実際にこの棟札に墨で文章を書いた当時の神職さんの名前が書かれています。

表面の文章は、当時の阿蘇神社大宮司である阿蘇惟治が、天保11年11月27日の日付で書いたものとして墨書きされています。一の神殿は天保10年（1839）3月から造営をはじめ、天保11年（1840）年3月に建物主要部組み立ての完了を意味する棟上（上棟とも言います）がなされています。その後完成したのち、上遷宮という祭神を遷座する儀式を天保11年11月28日に行っていますが、棟札の日付はこの上遷宮の前日にあたります。書かれている文章は、戦国時代にひとまず仮に建てた社殿群を300年近く使い続けていたが、ついに仮ではない本格的な社殿群の造営が始まり、最初の1棟目である一の神殿が完成したことをとても喜んでいる、といった内容になっています。

なお、この1組の棟札は、国指定重要文化財である一の神殿の附指定という付属的な指定がなされており、一の神殿の価値を高める一役を担っています。

一の神殿

第壱宮棟牌
我阿蘇社之営宮也効 皇宮之制毎次三十三年奉 勅必改造例普課国中家取棟別銭以充其費天文年間宮殿悉羅災于時
園国擾乱費用不能供焉家宰甲斐親直請之惟豊卿姑且営仮宮以待治平然後騒乱愈劇吾家尋衰自茲以降終無復旧之期者
三百有余載有時僅修其頽壊而已矣先君子惟馨卿居常深慨之蚤歳既有復旧之志雖然時未至不成其志而没後十余年祠官笠
忠規等有特所建議因請之国府許之実為天保三年壬辰之冬也然天文以降棟別之例久熄用度亦不備加之比年荐飢恐費役或煩
民瘼周旋亦経数歳丁酉之秋有年民人幸奮効其力於茲即挙事以従民望更依別之例普令家別調其役而用度既足十年
己亥之春始起役遶邇聞之不招子来歓呼踊躍以就其役今茲十一年庚子冬十一月二十有七日第壱殿先成蓋初親直之営仮宮也本殿之

南別造一社謂之南四宮今乃合一之従旧制也嗚呼殿宇嶄嶤梲梁之偉麗炳焉光於於前古煥乎耀於今代往将復旧観而
萬世無疆焉云爾
于時天保十一年歳次庚子冬十一月二十七日
大宮司従四位下阿蘇公惟治謹記

一の神殿棟札　1枚目表面

祠官五太夫山部経宗蒙
命精誠恐惶謹而書

一の神殿棟札　2枚目表面（上）と2枚目裏面（下）

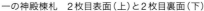

文久２年造営拝殿の古写真

2. 文久2年（1862）造営拝殿の棟札

　今回の熊本地震で倒壊した拝殿は昭和23（1948）年に竣工した建物でしたが、その1代前の拝殿は文久2（1862）年に建てられたものでした。建物自体は残っていませんが棟札のみ残されており、造営の記録を今に伝えています。

　こちらは複数枚ではなく1枚の棟札です。表面には中央に神様の名とその神様への願いの文を書き、その両脇に文久2年1月28日の日付が書かれています。おそらく竣工の日付だと思われます。そして中央下に大工棟梁の名が書かれています。裏面には、右上に藩主の名、左上に大宮司の名、その下に造営奉行である神職さんの名が書かれています。そしてその下には大工棟梁をはじめとする職人さんたちの名が数多く書かれています。

　職人さんの肩書には何種類かあります。棟梁岡田禎吉から嘉市という職人さんまでの21名は大工さんだと思われます。その次の2名は枌師であり、おそらく「そぎし」と読みます。拝殿は当初は杮葺（こけらぶき）という薄い板を重ね合わせた屋根であり、その屋根を葺いた職人さんなのではないかと思われます。その次の11名は杣方棟梁（そまかたとうりょう）であり、山から木材を伐採したり伐採した木材を大工さんが加工できるよう製材する職人さんたちであると思われます。最後の2名は基礎の石などを加工して据え付ける石工（いしく）さんとなっています。細川藩の飛び地である鶴﨑（鶴崎、現大分市）の職人さんも大勢参加していたようです。

　ちなみに、棟梁の岡田禎吉は、神幸門・還御門を造営しています。また、脇棟梁の藤七と大工の重太郎は神殿・楼門造営にも参加しており、脇棟梁の兵四郎は楼門造営にも参加しています。

文久２年造営拝殿棟札　表面

3. 棟札の比較

　以上2組の棟札を紹介しましたが、一の神殿の棟札に書かれた内容は、

　　①造営の経緯
　　②上遷宮の前日の日付
　　③大宮司の名
　　④実際に墨で書いた神職さんの名

ですが、文久2年造営拝殿の棟札に書かれた内容は、

　　①神様の名とその神様への願いの文
　　②おそらく竣工の日付
　　③藩主の名
　　④大宮司の名
　　⑤造営奉行の名
　　⑥大工棟梁含む職人さんの名

となっており、この2組の棟札は書かれている内容がかなり異なります。拝殿棟札のほうが一般的な構成であり、一の神殿棟札のほうはかなり特殊な構成といえます。一の神殿は現在まで残る阿蘇神社社殿群の取り掛かりの造営であり、当時の大宮司である阿蘇惟治の、造営に対する並々ならぬこだわりや熱意の表れなのかもしれません。

（公財）文化財建造物保存技術協会　石田陽是

参考文献
『阿蘇神社建造物調査報告書』阿蘇市教育委員会・宗教法人阿蘇神社、2006
水藤真『棟札の研究』思文閣出版、2005

大宮司　阿蘇公惟治

国君　細川越中守慶順朝臣

御造営奉行
宮川駿河山部経連
宮川但馬山部融
宮川美濃山部経順
宮川安藝山部宗彦

棟梁
四部一　岡田禎吉
脇棟梁
宇土大見村　藤七
同
宮地　兵四郎
佐藤作太
重太郎
大作
山部源三郎
勝三郎

役犬原　九郎兵エ
宮地常　八
豊前中津　茂エ門
傳八
鶴崎　重平
壽一郎
九市
馬太郎
繁太郎
猪太郎

鶴崎　猪之助
犬八
嘉市
粉師
坪井　義三郎
鳥町　角兵エ
山田
柚方棟梁
宮地　幸次郎
四部一　新吉
鶴崎　貞五郎

鶴崎　沢次
同　亀太郎
同　喜市
同　壽市
山田　幸次郎
宮地　才五郎
四部一　儀作
九市

石工　清次郎
甚太

文久2年造営拝殿棟札　裏面
ちなみに、棟札の表・裏面につけられた横材は、中央で縦に割れてしまったのをいつの年代かに補修したものです。

楼門の
修理工事

文建協　大川畑博文

はじめに

　倒壊した楼門は、一旦すべての部材を解体して、破損部を繕った後、再び組み立てる、解体修理を行った。

　一期工事は、清水建設株式会社九州支店が指名競争入札で落札、平成28年10月3日に請負工事契約を締結し、楼門は主に解体格納工事を行った。

　二期工事は、清水建設株式会社九州支店が指名競争入札で落札、平成31年4月1日に請負工事契約を締結し、楼門の繕いと組み立て工事を行った。

解体と回収と救出

　楼門の解体工事に掛かるには、まず全天候型で仕事ができるよう、素屋根と呼ばれる覆い屋を建設するが、周囲にあった北廻廊や透き塀、手水舎等が楼門に押し潰されていたため、これらを先に解体した後、解体用の素屋根を建てた。その中で組んだ

足場は、倒壊した楼門の形状に合わせた、変則的なものになった。

　最初に着手したのは、北の鬼板の神紋の取り外しで、平成29（2017）年1月10日であった。楼門の銅板葺は、台風被害により、平成17（2005）年11月に復旧工事で葺かれたものであったが、板金工により、施工と逆の手順で解体が進められた。

唐破風箱棟の銅板包みの解体　H29.2.8

　一方で、宮大工はまず安全を確保した上で、正面の唐破風の解体から着手した。解体工事が本格化したのはこれ以降となる。解体という言葉は、文化財修理では分解という意味で用いられるが、今回は回収や救出といった意味合いも含まれる事になった。

　通常の解体は、でき上がった順番の逆の手順で進めるが、今回は、飛散した部材を宮大工が先に片付けた後、板金工が銅板葺をめくり、追って崩壊防止の措置をするといった段取りが生じた。

解体用素屋根の建設　H28.12.19

宮大工による部材の回収　H29.1.25

板金工による銅板めくり　H29.1.27

上層の牛梁の解体　H29.3.23

銅板めくり後の崩壊防止　H29.4.18

妻飾り彫刻の救出　H29.3.27

　元の位置がその場で判断できなかった、飛散した部材は一旦回収し、公募で集まった写真と見比べ、元の位置を確認する作業を伴った。

　横転した楼門の上層東面の屋根は、足場ステージとして利用したが、通常はこのように利用する事は無い。先に進めるためには、やむを得ない事であった。

　部材は、一つ一つが大きいものであったため、チェーンブロック数本を人力の代わりに多用した。解体した部材の運搬は数人で連携しながら注意深く行った。

　足場が変則的なため、上下の移動も水平方向の移動もスムーズではなかった。また、それぞれの持ち場で、如何に建物に近づいて足場を確保し、安全に解体を進めるかは最も配慮すべき事であった。安全帯を使用する事、また、それ以上建物が崩れる事がないよう崩壊防止を解体に先駆けて行う事は基本ルールとした。

上層西面の銅板めくり　H29.4.7

上層北面の野地板の解体　H29.4.24

上層北面の桔木の解体　H29.5.9

現れた2階の柱　H29.5.25

　足場が不安定な中、人力のみに頼らず、大物の部材は重機を用いて解体し、素屋根の外に搬出した。クレーンによる吊り作業は、部材を取外したら一旦その場に仮置きし、ベルトスリングを付け替えて荷重バランスを取った後、再び吊るといった手順を踏んだ。組物と一体で破断した柱頭は、塊で回収した。

組物の回収　H29.5.23

回収中の柱　H29.6.5

　上層の解体後、下層の屋根の銅板をめくり、それから野地、野垂木を解体していった。西面の野垂木は、下層に上層が被ってくるような倒れ方をしたため、屋根面の中間部や先端部が、山型あるいは谷型になって、複雑な折損となっていた。

　上層の解体を進め、現れた2階の柱は背面（西）に向かって倒れていた。後述するが、下層の柱は横（北）に向かって倒れており、各層が違う動きで倒れた事が分かった。上層の正面中央間は、貫が折れずに繋がっていたため、2本同時に回収する事ができた。

銅板葺の吊子の取り外し　H29.6.14

下層西面の野垂木の折損　H29.6.19

扁額の救出　H29.9.13

下層北面の野地の解体　H29.6.30

壁板の回収　H29.10.31

大型重機を用いて、下層の解体を進め、扁額を救出できたのは、平成29年9月13日であった。その後、現れた1階の柱は横に向かって倒れていた。ただ倒れただけではなく、その柱頭は、組物の構造を異にする門扉の両脇2本を除き、ことごとく曲げ破断しており、その光景は痛々しいものであった。

基礎を残し、上屋の部材を全て解体し終えたのは平成29年11月2日であったが、調査のため当日の内に、解体した柱は、素屋根の中に整然と並べられる事になった。それ以外の部材は、境内の駐車場に建てた2棟の2階建て保存小屋に、種類ごとに整理して格納した。柱の調査を行った後、解体用の素屋根は平成30年4月に撤去された。

下層菖蒲桁の重機を用いた解体　H29.9.12

上屋の解体完了　H29.11.2

修理のための調査

解体格納工事が完了した後、解体中に行っていた調査を補完すべく、破損調査、実測調査、仕様調査、構成部材調査等を行った。技術職員と宮大工とが共同でこれに当たった。これにより、楼門を構成する総部材数が約1万1000点に、また、補修箇所も約1万カ所に及ぶ事が判明した。

調査に基づき、楼門組み立てのための実施設計は、解体完了後約1年を要した。

破損調査　H29.12.5

耐震補強の検討

基礎資料用として、楼門の北側と三の神殿の南側の2箇所、境内を縦断する形で、ボーリング調査を行った。

実施設計中に行った耐震診断では、楼門の耐震性能が十分でない事が判明した。参拝者が通路として利用する用途を鑑み、その弱点を補うべく定めた目標は、文化庁が設定する「安全確保水準」（大地震動時に倒壊せず、人的被害を出さない）と、熊本地震に耐えられる性能（層間変形角1/30以下）の2点とした。

耐震補強の設計は、安芸構造計画事務所が担った。補強の選定は、既存壁の耐力壁への置換、鉄骨フレームの追加、免震装置による免震化、の3

点の方法を検討した。免震化に当たっては、免震装置だけでは地震時に建物本体を維持できないため、何らかの形で支持基盤と接合が必要となり、柱脚鋼管挿入案、柱脚鋼管根巻案、柱脚フレーム案の3案を挙げて検討した。

耐力壁置換案は、不足する壁量の追加は困難と判断し、早い段階で除外された。免震化案は、長周期地震動に対して、十分な安全性を確保できない事が判明し、採用に至らなかった。鉄骨フレーム補強案は耐力、剛性ともに現状の建造物の性能を飛躍的に改善する事が確認できた。

この案の特徴としては、鉄骨フレームに地震動時のエネルギーを積極的に消費するために、摩擦ダンパーを筋違に入れる案とした事であった。

関係者で協議した結果、鉄骨フレーム補強案を選定する事になったが、隠す場所がない鉄骨柱をどこに配置するか、さらに2案を挙げて検討した。楼門の外側に配置する案は耐震性能が著しく低下するため除外し、楼門の内側で壁際に配置する案は、天井下に鉄骨梁が見える点が敬遠され、最終的に楼門の通路寄りに配置する案が、修理委員会で採択された。

補修と再用率

当初から古材の再用率を高める事は、一つの課題であった。古材の中でも、特に柱頭で破断した柱と、真ん中で折れた化粧隅木については、再用できるか否かは大きな問題であった。

修理工事の設計監理を専らとする文建協でも、構造材としての強度を確保した上で、古材を継ぐ方法は簡単に捻出できなかったため、構造設計を専らとする安芸構造計画事務所に補修方法の設計を依頼する事となった。

設計に当たっては、古材を最大限生かしつつ、新材と如何に繋ぐかという点が論点になった。これ

までの実績と経験に基づいて導き出された方法が、アラミドロッドを用いた接合であったが、接合した部材の強度は実験で確かめる必要があった。アラミドロッドは文化財のレンガ壁の目地に補強として挿入した実績があり、防弾チョッキにも使われる素材で、引張り強度は鉄筋の4倍、重量は鋼材の6分の1であり、錆びない点は木材との相性の良さも期待できた。

接合の方法は、伝統的な技法として金輪継ぎがあったが、継ぎ手の長さが必要で古材の欠損が懸念された事と、既知の試験結果からその強度が確認されていたが、今回の接合がどれもほぼ同じ高さであった事から、楼門の補修には相応しくないと判断され、選択肢から除外された。

破断した柱頭には組物の肘木枘が挿さり、虹梁型頭貫や木鼻が四方から蟻掛けされ、その下に内法貫が通るが、柱の破損を観察した結果、1階の継ぎ手位置は自ずと虹梁型頭貫または内法貫の下が、2階は内法長押の下が適当であると判断された。今回は古材を最大限生かす接合を主眼として設計を進めた結果、アラミドロッドを継木の外周に、同心円状に挿入し、エポキシ樹脂で接着させる方法とし、ズレ防止に十字目違を入れる事にした。アラミドロッドを木材で使用するのは初の試みであった。

新工法が有効か否か、現物の2分の1の断面積で、曲げ試験用に三丁継ぎした試験体と、引張り試験用にアラミドロッドを外周同心円状に挿入した試験体を作製し、平成30年9月19日に、熊本県林業研究・研修センターで実験を行った。実験の結果は曲げ引張りとも無垢材の約6割から7割の強度が確認できた。そのほかに、干割れの埋め方やロッド挿入孔の接着面の下処理、接着剤の調合、粘性の注意点を知る事ができた。

化粧隅木は、折損部を新材に置き換え、鋼材補強する事で、古材の大半を再用する事が可能となった。破断した下層北西と上層南西の化粧隅木2本は三丁継ぎ、下層南西の化粧隅木は折損したものの破断に至らなかったため割裂部は接着し、白太部は赤身の新材に置き換え、鋼材で補強し、かつ、三丁継ぎの継手部は引っ張りの掛かる上端にアラミドロッドを挿入した。これは予備的なもので、強度は鋼材に頼る設計とした。

結果的に、柱は全体で10本、化粧隅木は3本を生かす事ができた。

木部の繕いに当たっては、構造材であるか、造作材であるか、強度の必要に応じて補修方法を分けた。

1万1000点の部材の1万カ所に及ぶ繕いは日々単調では無く、根気が要る仕事であった。当初は7年計画であったが、実施設計の段階で、1年延長して8年の継続事業とした。補修にかかる時間を確保したためである。係った職人の尽力により、楼門全体で見れば、材積の72%の古材を再用する事ができた。

工事発注と業者選定

1年に及ぶ実施設計業務を経て、平成31年1月に完成した楼門の組立工事の設計図書を以て、二期工事として、指名競争入札を行った結果、清水建設株式会社九州支店が落札し、平成31年4月1日に請負工事契約を締結した。工事は、契約日に着手し、令和5年12月31日に完成した。

二期工事の入札　H31.3.19

楼門の組み立て

(1) 素屋根の建設

　楼門の組み立て工事は、破損部材の繕いを続けつつ、組み立てに先駆けて、基礎石や通路の石敷きを掘起し、その下の地盤を掘削して、耐震補強用の柱位置に鉄骨入りの地中梁を井桁に組み、鋼管柱4本を地中梁の交点に建ち上げた。楼門が建つ地盤には、幅14.2メートル、奥行き11メートル、厚さ26センチメートルの鉄筋コンクリート製の耐圧盤を地中梁と一体で設置した。楼門組み立て用の素屋根は、その後に建設し、足場ステージを除いて令和2年6月にほぼでき上がった。この手順になったのは、鋼管柱の建方精度と安全性を優先したためである。

(2) 基礎工事

　素屋根ができた後、耐圧盤の上では、楼門の地業と基礎工事を進め、第1回目の土間コンクリートを打設した。第2回目は、令和5年9月19日から20日にかけて打設し、木鏝で仕上げた。

(3) 柱の接合

　新工法の柱の接合は、令和2年11月30日から12月2日にかけて、1階の柱3本を先行し、追って

地盤の掘削　R1.10.7

下層の鋼管柱の建方　R1.12.18
（幅5.2m、奥行き4.8m、高さ8.9m）

玉石状の石敷き　R2.7.6

素屋根の建設　R2.3.25
（幅28m、奥行き24.5m、高さ22.8m）

第2回目土間コンクリート打設　R5.9.20

令和3年1月15日から20日にかけて、1階の柱5本と2階の柱2本の接合を行った。なお、通常用いる継手という言葉ではなく、接合という言葉を使う理由は、伝統工法と新工法との違いがやや感じられるからである。

（4）部材の繕い

　膨大な数の繕いは、日々加工小屋の中で、再び元の通りに納まるべく、職人により行われていった。清水建設株式会社の協力業者の藤田社寺は福井に会社があって、今回宮大工の方々は阿蘇に宿を取り駐在して工事に当たった。楼門の補修、組み立てには多くの手が必要となったため、地元の大工の方々も加勢する事となった。彼らはやがて自らを"繕い人"と称するようになった。

回り縁の束の繕い　R2.6.5

彫刻の繕い　R2.6.23

アラミドロッドの挿入　R2.11.30

牛梁の継手の加工　R2.11.26

柱の接合　R3.1.20

化粧隅木の繕い　R2.12.10

楼門の修理工事 Disaster Recovery

（5）化粧隅木の補修

　下層南西の化粧隅木は、割裂破断の接着と、白太の赤身新材への置き換えを行ったが、剥ぎ方は特殊なシアプレートといった金物を用いてずれ防止とし、貫通ボルトで締め付け、古材と新材の合わせ面も楔状の木材を入れてずれ防止とした。

　三丁継ぎした下層北西の化粧隅木は、上端に白太があって断面の欠損が懸念された。最初は赤身新材置き換え案が挙がったが、墨書や墨付けの跡が残っていた事と、のけ反った隅木の矧ぎ木は一材では難しく、数枚で剥ぎ木したとしても強度が確保できるか懸念があった。そこで他に方法がないか検討したところ、鉄骨から隅木をワイヤーで吊る案も出されたが、最終的には隅木の両側面で鋼材補強する方法が選択された。鋼材の先端に付けた鉤型の爪が隅木を掴み、奥は2階の柱が建つ付近まで

貼り合わせ面のシアプレート　R3.1.22

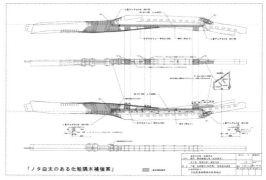

鋼材による隅木の上端補強図　R2.12.21

貫通ボルトで接着した新材　R3.1.22

鋼材で補強した下層北西の化粧隅木　R3.7.16

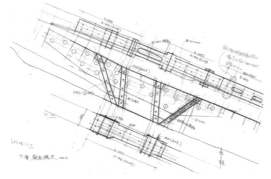

安芸構造計画事務所作図　H30.12.2

現物にて鋼材の検討　R2.10.16

鋼材を延ばし、しっかり固定して、隅木の片持梁としての上端の引張力を負担するように計画した。

隅木の三丁継ぎは、模型作製、現場打合せ、現物実測、型板作製等を経てできたものである。

（6）立柱

令和3年2月18日に立柱祭が執り行われた。雪の降る凍てつく日であった。その後、建方は引き続き行って、1階の全部の柱が建ったのは2月25日であった。震災から4年10箇月経っていた。

（7）耐震補強と様々な課題

最下部の地覆から順番に、壁板、足固め貫と組み立てていった。柱の先から大斗を落とし、大桁を載せ、挿し肘木形式の組物を組み、天井桁と格縁を組んだ状態で、一旦菖蒲桁を仮組みした。第一段目の水平構面の納まりを確認するためである。

確認したところ、水平構面の鋼材が木部といくつか干渉する事がわかり、また、構造上の弱点も新たに発見される事になった。干渉部は鋼材のカットやレベル調整、別材への変更等で回避する事を優先したが、木材の方もやむを得ずカットしなければならない部分も生じた。

三丁継ぎの実施　R2.12.4

祭事に向かう神職様方　R3.2.18

1階柱の建方　R3.2.25

菖蒲桁の仮組み　R3.4.19

下層の構造的な弱点は、一つは、化粧隅木の補強用として四隅にH型鋼の火打ち梁を架ける側面の大桁に継手があった事、一つは、2階の柱を受ける梁が架かる正面の大桁が、菖蒲桁が載る所で、大きな断面欠損があった事、一つは、側面に架かる大桁が、蟻柄の先端部分しか柱に掛っていなかった事、の3点であった。

側面の大桁の掛かり不足　R3.3.16

正面大桁の断面欠損の補強　R3.6.21

側面の大桁継手のZ型鋼材による補強　R3.6.18

大桁の掛り不足のリブ付き鋼板による補強　R3.6.9

　構造的な弱点は、検討した結果、鋼材を用いて補強する事とした。大桁の継手は、Z型の鋼材を両脇から添え、大桁の下角を鋼材に引っ掛けて、貫通ボルトとラグスクリューで締め、大桁の上端に架けた鋼材からZ型鋼材の上端を吊る補強とした。正面の大桁の断面欠損は、菖蒲棟から両脇の菖蒲桁に掛けて山型に作製した溝型鋼を2台並列に渡し、大桁下角をアングルで吊り上げる補強とした。大桁の柱の掛かり不足は、柱の天端に25ミリ厚のリブ付き鋼板を載せて、大桁を受ける補強とした。

　なお、上層においても構造的な弱点が発見されたが、それは下層と同様に大桁が柱にしっかり掛かっていなかった事と、鎌継ぎされた大桁の強度不足が懸念された事の二点であった。この二つを同時に解決する方法として、木製門型の枠を柱間に入れて、大桁を直接受ける補強を採用した。

　第一段目の水平構面は、下層の大桁レベルで、天井と梁との間に納めたが、アングルが入らなかった中央部は、チャンネルを裏返してH型鋼の上のフランジに取り付けて、何とか梁を納める事ができた。

鋼材の納まり検討　R3.4.21

　下層の化粧隅木は、大桁の掛かりから内に入ったところに2階の柱が載り、曲げ応力の分布が、現状は複雑になっていた。今回、三丁継ぎや赤身置き換えをした隅木は、応力の負担を軽減するために、H型鋼の火打ち梁を入れて隅木を直接受ける補強をした。これにより応力分布が簡単になり、隅木の

Ｈ型鋼上端を下げた火打ち梁　R3.7.21

牛梁の組み立て　R3.6.25

桔木納まりの検討　R3.8.26

摩擦ダンパーの設置　R3.11.8

摩擦ダンパーの納まり確認　R3.11.17

補強が容易になった。４本の隅木はどれも形状や高さが異なっていたため、現況に合わせ２箇所、Ｈ型鋼の上フランジを下げて変断面として製作した。

　耐震補強の特徴の一つに、今回、摩擦ダンパーを鉄骨フレームに取り込んだ点が挙げられるが、これの設置に当たっては、設計の変更が生じ、施工精度が求められ、大変難易度の高い仕事となった。ダンパーを避けるために、ダンパーの取り付け方を変えた他に、桔木の尻を少し振ったため、桔木に建つ小屋束と母屋の取り合いを変更する必要も生じ、手間も増えた。

　下層の鋼管柱は、摩擦ダンパーを入れ込みながら頭を繋ぎ、その後、水平構面を張った。この第二段目の水平構面は、鋼管柱の外側で、楼門の２階の柱と繋いで構面を拡張する事になる。

　２階の柱の建方は、立柱祭から約10箇月経った令和3年11月26日から12月14日にかけて行った。それから、回り縁に進み、耐震補強用の２階柱の挟み材を取り付け、２階の床板を並べ、その後大桁と小屋梁を架けた。耐震補強の上層の鋼管柱を建て、頭を繋ぎフレームを組んだ。２階の床下で、２階柱の足元と鋼材とを緊結して第二段目の水平構面を完成させた後、上層の大桁と鋼材とを緊結して第三段目の水平構面を完成させた。これによりようやく楼門と鉄骨フレームが一体化した。

２階柱の建方　R3.11.26

桔木枕の墨付け　R3.9.10

（8）上層屋根の組み立て

　令和４年度に入り、上層の扇垂木を配り、小屋組を組んで、軒付を決めて屋弛み付きの野垂木を打ち、野地を張っていった。屋根面に足場が出来た段階で、令和4年9月2日に上棟祭が執り行われた。妻の箕の甲を納め、箱棟を載せた後は、銅板葺の施工が主となった。

　輝く銅板葺ができた段階で、素屋根を撤去する前に、楼門を間近で見る事ができる最後のチャンスとして特別公開を行い、好評を得た。

　素屋根が取れた後は、1週間ほどで銅板の輝きは薄れ、境内のほかの建物と次第に馴染んでいった。板金工曰く「銅板は緑青が葺いてからが渋い」。

上層の鋼管柱の建方　R4.2.19

上層の組物の組み立て　R4.2.16

上層の軒の組み立て　R4.4.5

上層の牛梁の組立て　R4.5.18

上層の野地板張り　R4.7.11

銅板葺板の加工　R4.8.1

上棟祭　曳綱の儀　R4.9.2

軒付の銅板葺き　R4.9.8

唐破風の鬼板の銅板打出し　R4.11.16

楼門の修理工事　Disaster Recovery

最後に

　聞きなれない前震と本震、楼門は震度6弱の本震の長周期の波に共振して倒れたが、益城町を襲った前震の震度7の波が、もし阿蘇神社を襲っていたらどうだったか。阿蘇神社の地盤推定モデルに益城町で観測された地震波を入力地震動として、振動応答解析をした結果、倒壊に至らなかった事が判明した。元々何もしなくても震度7に耐えられる構造であったのである。たまたま長周期の波に共振したという事になるのではないか。一概に、木造だから弱いという事ではないのである。今回楼門は、弱点を補う事ができて不安要素がほぼなくなった。

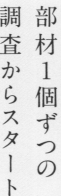

部材1個ずつの調査からスタート

大川畑博文さん
公益財団法人文化財建造物保存技術協会

解体用素屋根づくりからスタート

── 文化財建造物保存技術協会（文建協）の阿蘇神社再建とのかかわり方は。

大川畑　文建協は国宝や重要文化財の建造物の修理をする際、施主さんと契約を結んで設計業務と監理業務の委託を受けます。また、木工技能者研修や技術者養成・技術者研修といった事も行っています。昭和46年に財団法人として設立されました。熊本では熊本城で設計監理業務をやっていますし、私自身は細川刑部邸の移築工事に携わることで、熊本とのご縁を持つことができました。

　阿蘇神社の楼門が倒壊した姿を見た時は、本当にショックでした。その時はまさか私自身が携わることになるとは思っていませんでした。担当になった時は本当に修理できるのかなという心配は少なからずありました。

　修復については、国の補助事業として平成28年8月に委託業務の契約を結び、第1期工事として解体格納工事にあたりました。工事が本格的に始まったのは11月だったと思います。業者さんが決まった後は解体格納の実施の工程を組んでもらい、定例会議で阿蘇神社、県文化課、阿蘇市教育委員会、施工会社、文建協などが集まって情報の共有を図っていきました。

　当初は楼門等が倒壊した状態のままですので、解体前の調査が一切できていません。難しいのがそこでした。倒壊して元の建て位置からずれたところに、解体用の素屋根（覆い）をつくりました。その中で上から順番に解体しながら部材の調査をしていきました。

大事な耐震補強工事を追加

── とりわけ苦労したことは。

大川畑　部材が破損して飛び散ったりしていましたので、もともとどこにあった部材なのかわからないと、元通りに組み立てられません。その前提としてばらばらになっている1個ずつの部材を「番付を振っていく」という仕事がありますが、それが大変でした。

　施工の清水建設さんと宮大工さんといっしょになって「これはどの材料でしょう」とか「これはどこにあったのでしょうか」みたいに、パズルを埋めるような手探りでの仕事が始まりでした。やっていくうちに「こう倒れたのだからこうだろう」と宮大工さんの方で大体わかってくるようになりました。そうして、

持ち込んだ木材の検査　H30.11.27

部材の納まり具合を見る　H30.12.7

倒壊した部材に札を打つとともに、一つずつ手書きの「伏図」を描き、建物を構成する部材の全貌を解明していきました。例えば屋根面、小屋裏の中、軒下の組物、2階の構造材、1階の屋根、1階の構造材などです。そこに何の何番かという番付を振っていって、どれがどう傷んでいるのかというのを実際に手にとって調査していきました。主に補佐と宮大工さんが担当してくれました。

　それが終了すると、今度は組み立てるための設計業務を行い、2期工事ではそれを見ながら補修し、組み立てます。さらに、新しい材料が必要になりますが、持ち込んだ材料の木材検査をやります。材料を一つずつチェックし、補修するのに適した材料かどうかというのを確認します。

　耐震性も大事ですので、耐震補強を追加しています。熊本地震の規模でも倒れないようにするという目標で、弱点部分を鉄骨フレームで補強することになりましたが、これを組み込んでいくことが非常に苦労した部分です。木造と鉄骨の融合ということですから、素材の違いに配慮しながらきっちりと建物に納まるようにしないといけません。とくに1階の屋根を組む時が大変難しく、摩擦ダンパーという特殊な器材を新たに組み込みましたが、求められた耐震性能を満たすことができました。

─ 再建工事を通じて阿蘇神社についてどのような印象を持ちましたか。

大川畑　阿蘇神社については、まず規模が大きいという特徴があります。威厳があると感じるとともに、施された彫刻が大変美しい。華麗であって見応えがあります。そして、当時の宮大工さんが神殿の梁や楼門の懸魚などに自分の名前や年号などを墨書として残しています。仕事をやったのだという証を後世にも伝えたいと考えたのでしょう。そこからも、当時の宮大工さんたちの心意気や誇りというのが伝わりましたが、阿蘇神社は、たまたま地震によって楼門や社殿などが倒壊したことで、私たちが関係するようになりました。私にとってはこのように優れた文化財建造物の修復に携われたことは一生の誇りとなりました。

　私たちが、仕事ができる環境を常に整えてくださって、無事故で仕事を終えることができるのも、阿蘇神社様はじめ、関係の方々が懇切丁寧に支援してくださったからだと感謝しています。

解体で分かった
全国でも
貴重な建て方

寺坂勝利さん
清水建設株式会社
九州支店熊本営業所工事長

輿那原幸信さん
藤田社寺建設株式会社棟梁
（当時）

江戸時代の棟梁の
技術力を知る

— 阿蘇神社の被害状況を目のあたりにした時
の率直な感想は。

寺坂　私は2期工事から担当しましたが、すでに
解体工事が終わっていて、現場には基礎の石が
あるだけで、地震直後の姿を見ることはありません
でした。その後、地震で楼門や社殿が崩壊して
いる写真を見た時は衝撃を受けました。

輿那原　熊本地震の時は福井県の永平寺の加工
場にいましたが、テレビ報道を見て「これは大変
だ」と思いました。ただ、その時はまさか自分が
阿蘇に行くとは思っていませんでした。実際、
阿蘇神社に来てみると本当にひどい状態でした
ので驚きました。

内田　私は熊本の出身ですので、大変な被害状
況を目のあたりにして、とても悲しい気持ちになり
ました。

— 復興工事にかかわってみての感想、他の建築
物との違いは。

寺坂　やりがいがあると思いましたし、同時に責任

重大だと思いました。社内でもそういうとらえ方
をしていたようです。

輿那原　いったん解体してから組み立てることに
なりますが、地震で崩壊している状態でしたので、
通常の解体ができません。倒れた上の部分から
しか解体ができませんので、考えながらていねい
に工事を進めていくしかありません。傷んでいる
材料にそれ以上傷をつけるわけにはいきません。

　ただ、解体工事の過程では、江戸時代の棟梁
の仕事ぶりについて知ることができ、たいへん勉
強になりました。まず、木割りです。木割の数字
の出し方がものすごく細かくなっているんです。
でも、その数字できっちり木出ししているというか、
合わせていることがすごいことです。そして、補正
柱と言って柱が上まで伸びているなかで上につな
げる組み物を、すべて1本の柱に差し込んでいま
す。今まではそういう建物は見たことはありませ
ん。造りとしてはあることを知っていましたが、自分
にはこれまで経験はありませんでした。全国でも
貴重な建て方です。

内田　阿蘇神社の復興に参加できることになっ
た時は「よし、がんばるぞ」という気持ちになりま
した。両親も復興中の阿蘇神社を何度も見学に

内田祐汰さん
藤田社寺建設株式会社

隅木破損部の埋木修繕の様子

訪れてくれ、大変喜んでくれました。

完成に向け
日々感動の連続

― 施工中での苦労や復興についての感想は。

寺坂　耐震のために鉄骨を入れていくのですが、もともとないところに入れていくことになり、当然設計図どおりにいきません。その都度棟梁と相談しながら、木材のあたりをとるために精査図を書き起こします。そして、設計会社さんとやりとりをして、「これでどうですか」と地道に進めることになりました。そのやり取りに時間がかかり苦心しました。

あとは、古い木材を極力残さないといけませんので、丸ごと新しいものと取り換えるのでなくて、傷んだところを削り取ってもらい、そこに新しい材料を付けてもらうことなどに苦労しました。あまり違和感がないように収めていくために、棟梁には似たような木目の材料を選んでいただいて繕ってもらいました。それに、扇垂木という部分があるのですが、これは大工さんにとってとても手間のかかる部分ですが、そこにも棟梁たちの技術力が生きています。

輿那原　繕いの時期は地元のベテランの大工さんにも手伝っていただきましたが、お互いに刺激しあいながら技術が上がってきて、いい雰囲気で工事が進められました。部材の繕いは地味な作業、目に見えない作業ですが、地元の大工さんたちはちょっと欠けた部材をうまくくっつけたり、何百個、何千個もある修理を毎日やっていただき非常にありがたかったですね。

― 一番感動したことは。

寺坂　できあがっていく過程すべてが感動です。朝見て、夕方見て、楼門が組み上がっていく姿を見ていますと、まさに日々感動の連続です。

輿那原　最終的に素屋根がとれた時のうれしさは表現できません。

内田　自分は熊本出身なので、阿蘇神社復興の仕事に携われることができて、すごくうれしく思います。今後、いろんな現場で阿蘇神社から学んだことを生かせるようになればいいなと思っています。

斎館の修理と拝殿の再建

国家が神社を管理した時代に建設・設計された近代社殿の災害復旧をどうするのか

　終戦まで阿蘇神社は官幣大社の社格を有し、国家の管理に属していた。社殿の造営や維持についても内務省神社局（昭和15年からは神祇院）の関与があった。そうした時代に斎館が建設され（昭和3年）、また神社局の技師によって拝殿（翼廊・神饌所・神輿庫の複合建造物）が設計されている（完成は昭和23年）。終戦後に神祇院は廃止になり、それまでの技術者も四散した。

　かつての技師たちは民間の立場になったが、一部の有志によって設立されたのが、神社建築設計を専門とする（株）日本建築工藝設計事務所である。ここには戦時中に旧官幣大社阿蘇神社を調査していた技師が所属していたこともあり、蓄積された神社建築の設計技術をもって、このたび被災した阿蘇神社の近代社殿の復旧と再建を検討することになった。

復旧が完了した斎館　平成30年11月

再建された拝殿（正面）　令和3年6月

未指定ながら文化財的価値に配慮した斎館の復旧

斎館の特徴と地震被害

斎館は昭和3(1928)年に竣工し、長く社務所や集会施設として利用されてきた。3つの和室が襖で仕切られているが、部屋続きにして神事関係に対応できる造りになっている。また、神事に出発する神職が集合できるよう玄関の間口が大きくなっている特徴がある。

近代和風建築の様式を残す貴重な文化財建造物としても評価を受けてきたが、熊本地震により玄関の柱が傾き、屋根や壁面が損壊するなど大きな被害を受けた。

事業費

事業費確保のために、所轄庁の熊本県が事業を確認する「平成28年熊本地震により被災した宗教法人の建物等の復旧のための指定寄附金制度」を活用した。当該事業への寄附者には税制の優遇措置が講じられた。不足分は奉賛金(一般寄附金)及び自己資金を充当した。

修理の特徴

修理方法は、当初の建築様式を損なわないよう慎重に修復工事を進めると同時に、熊本地震と同程度の揺れにも耐えられる補強を施した。

過去に変更された屋根荷重の大きい瓦葺きを廃止し、当初の銅板葺きに復原した。床下の防湿効果を高めるために土間にコンクリートを打った。床下の構造部分である床組みは隅に火打ち梁(「火打ち梁」とは、木造建築の床組みや小屋組みが、台風や地震などの災害によって水平方向に変形することを防止するために設けられる、斜めに組まれた横木、梁のこと)をしっかり入れ、壁の下地には耐震補強壁を各所に設置して耐震性を高めた。

斎館修復前写真　平成29年12月

鬼板の下地となる彫刻

復原された銅板屋根

和室の修理工事

拝殿の災害復旧
― 倒壊部分は再建を、損壊部分は残す決断 ―

建築の特徴と地震被害

　阿蘇神社の拝殿は、南北に翼廊・神饌所・神輿庫が接続する建物幅の広い複合社殿である。拝殿と神殿は離れた配置にあり、殿内から神殿をよく見通せる位置関係にある。また祭事において神輿4基を並べ安置できるよう横広の幣殿があること、南北の翼廊端にそれぞれ神饌所、神輿庫が接続して一体化しているのが特徴である。

　これらは昭和15（1940）年から始まった国費による大規模な境内整備計画のなか、昭和17（1942）年に神祇院の技師によって設計された。だが戦時体制で着工できず、阿蘇神社が民間の立場となった終戦後の昭和23（1948）年に完成したものだった。当時輸入された台湾ヒノキを用いた神社建築として、近代和風建築の評価を受けていた。熊本地震では拝殿と翼廊が全壊、神饌所と神輿庫が大規模損壊した。

復旧の方針

　倒壊した拝殿と南翼廊については解体撤去し、基本的に新材（熊本県産材を指定）で再建する。ただし、神饌所（一部を改修）と神輿庫、北翼廊の一部は修理して残すこととした。再建の用材には、県産材や地域材、さらに地元の熊本県立阿蘇中央

拝殿の床コンクリート、耐震用シームレス鋼管　令和2年5月

高校の学校林（演習林）や個人の寄贈材を活用することで、郷土色を体現する創造的復興の意義を掲げた。

※用材使用の割合は、熊本県産材が80%、国産材が15%、外国産材が5%

事業費

　斎館と同様。

施工の特色

　大規模木造建築の耐震性を向上させるため、各柱基礎部を地中梁に固定し、地震時の応力を受け止める構造にすることで耐震性を確保した。そのため金物は全く見せず、見かけは伝統的木造建築そのものであることなど、伝統的な工法に新しい工法を混合した設計に特色がある。

新拝殿内部　令和3年6月

新拝殿全体（手前が神輿庫、奥が神饌所）　令和3年6月

県産地域材活用の展開

検査に合格した木材に押された合格印

県産材・地域材利用のきっかけ

阿蘇地域（7市町村）は民有林面積約66,000ヘクタールを有し、観光業とともに農林業が盛んで、県内有数の林業地域である。ただし近年は、林業従事者の高齢化などから担い手の確保・育成が課題となっている。

阿蘇神社の程近くにある熊本県立阿蘇中央高校のグリーン環境科は、林業の担い手を育成する阿蘇地域唯一の教育機関である。阿蘇カルデラの北外輪山に位置する広さ約25ヘクタールの小柏演習林では、多くの生徒がヒノキを中心に植樹・下刈り・枝打ち・つる切り・除伐等と保育作業を学んでいる。

平成28（2016）年4月の熊本地震で甚大な被害を受けた阿蘇神社では、指定文化財の社殿復旧が速やかに着手された一方で、約半年後に拝殿や斎館の復旧方針が決定し、平成29（2017）年2月から指定寄附金事業として正式に開始されることになった。

そうしたなか、地元の林業界から「阿蘇神社の復興に貢献したい」との意見が寄せられていた熊本県阿蘇地域振興局から、県産材利用を促進するために「地元阿蘇中央高校の演習林や阿蘇地域の木材を拝殿の再建に活用することができないか」との相談があった。

当初、拝殿の再建工事は事業費や工期の制約、品質の高い大径材が必要になることから外国産材（米ヒバ）で計画され、すでに行政の確認を受けて寄附金の募集を開始していたため、地域材を利用する計画変更は容易ではなかった。しかし、阿蘇神社を地域産材で復旧する意義の大きさを考え、関係者で何度も協議や現地検討を重ね、その結果県産材・地域材利用が実現することになった。

小柏演習林にて伐採されたヒノキ

拝殿の屋根に使用された県産材

演習林での安全祈願祭と教育活用

　平成31（2019）年2月、阿蘇中央高校グリーン環境科の在校生他100名以上の関係者が集い、厳かな雰囲気の中、小柏演習林で安全祈願祭が執行され、拝殿再建に使用されるヒノキが伐採された。

　さらにその後、鳥居の再建に小柏演習林の大スギが使われることが決まった。令和2（2020）年11月に行われた建て方工事において、阿蘇中央高校グリーン環境科の生徒たちが、実際に自分たちが育て、伐採した木が組み立てられていく様子を見守った。

　こうした取り組みは在校生に限らず、かつてこの演習林で学んだ卒業生からも広く関心が寄せられ、郷土を意識させる復興事例として大きな反響があった。

拝殿用材調達安全祈願祭

阿蘇中央高校グリーン環境科の生徒が見守った鳥居建て方見学会

鳥居建て方見学会

完成した南鳥居

県産材・地域材活用の概要とその意義

　今回の熊本地震による拝殿再建工事については、単なる再建工事にとどまらず、地域材を活用することで、地域との繋がりを意識した「創造的復興」の意義を示すことになった。

　ただ、その取り組みは容易ではなかった。用材の大半を個人や学校林からの寄贈材を含む「県産材・地域材」は、限られた資源（神社建築に見合う高品質の木材）を、限られた期間（拝殿工事スケジュールの制約）のなかで、工事に先行して調達しなければならなかった。。

　結果、工事施工業者に工事過程すべてを委託する工事一括発注ではなく、材料木材については施主（阿蘇神社）が材木業者（森林組合）に直接委託する形態を採らざるを得なかった。工事に先行して発注するいわゆる「材料の支給」の形態は、工事関係者にとってはイレギュラーかつ難易度の高い工事発注となった。

一般的な工事スケジュール

工事請負業者により木材等材料を手配

阿蘇神社拝殿の工事スケジュール

木材を先行発注、検査後に工事請負業者へ引き渡す

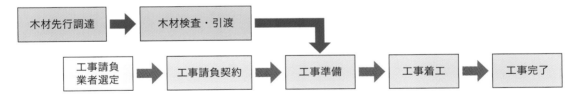

阿蘇神社拝殿県産材・地域材活用関係者図

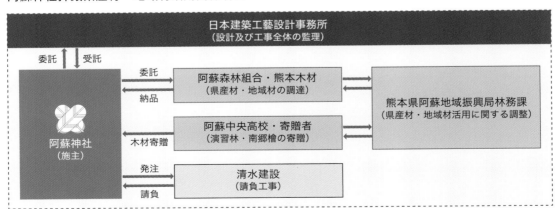

地域色を体現した拝殿の再建工事

今回の拝殿再建工事は通常の工事スケジュールと異なり、木材を先行発注して工事請負業者に引き渡すなど、通常とは異なる手間が生じた。

分離発注に踏み切ったことで、事業の関係者は林業と建築の領域それぞれに広がり、両者の視点を擦り合わせる難しい事業展開があった。木材市場の影響や建築工程の制約、それを寄附金事業のなかで適正に運営させるための課題は多岐に及んだ。

そうしたなか、個人や学校林の寄贈材を含めた県産地域材の活用は、林業界や伝統建築の世界に身を置く関係者の意識を高めつつ副次的な効果を生み出した。結果として、地域色を表現した復興事業の意義を多方面から評価されるに至った。

木材検査の様子　平成31年4月

拝殿再建工事の特色

項 目	概 要
木材発注時期	通常は設計会社が作成した木材明細を基に、工事請負業者と協議の上で発注を行うが、拝殿工事では工事請負契約に先立って設計会社作成の木材明細を基に先行発注を行った。
木材発注形態	通常は工事請負業者へ一括発注を行うが、拝殿工事では木材調達と工事請負の分離発注を行った。
工事関係者	通常は一括発注のため、施主と請負工事業者のみでの調整だが、拝殿工事では分離発注を行ったため、施主に対して木材業者と工事請負業者が並列した関係性となった。
財源	通常は施主の財源だが、拝殿工事では工事費全体の9割程度を指定寄附金及び奉賛金（一般寄附金）を財源とした。
補足材費 （材料等不足が発生した場合の工事施工費の中の予備費）	通常は工事費総額に対して設定される。一括発注の場合は予備費が比較的大きく設定されているが、拝殿工事では分離発注のため、木材費分の工事費が圧縮され必然的に補足材費も縮小された。
材料構成	通常は外国産材利用の割合が高いことが多いが、拝殿工事では県産材・地域材が全体の約80％を占めた。
スケジュール	通常は解体から再建まで中長期でのスケジュール調整が可能だが、拝殿工事は再建を急ぐ必要があったため、スケジュール調整が通常よりも困難であった。
寄贈木材	通常寄贈木材は発生しないが、拝殿工事では阿蘇中央高校及び地元個人の方からの木材寄贈があった。

県産地域材活用の展開 ― Disaster Recovery

事業の意義 ～副次的効果～

　前述のとおり事業としての難易度は高かったが、同時に副次的効果もあり、様々な面への貢献も果たしたと考えている。

・林業活性化への貢献

　間接的ではあるが、地域材・県産材をアピールすることができ、拝殿再建工事を通じて林業活性化への貢献が行えた。

・林業教育への貢献

　林務行政・地域教育機関との連携から拝殿・鳥居工事を林業教育の活きた題材として提供できた。

　さらに教育活動への参加により若者の神社への関心を高めることができ、世代を超えて地元住民に親しまれる存在である阿蘇神社の土台作りに貢献できた。

・社寺建築業界への貢献

　工事現場見学等を体験したことがきっかけとして、神社建築に興味を持ち社寺建築会社へ就職を決めた生徒が出てきており、不足する人材という観点で社寺建築業界への貢献ができた。

・拝殿品質確保

　阿蘇神社及び地元地域への想いのある業者及び林務行政機関に関与してもらったこともあり、費用を抑えつつ品質の高い用材調達が可能となった。

・事例の稀少性

　関係者の連携によって、分離発注という難易度の高い発注形態で県産材・地域材を利用するという神社再建工事の稀少な事例を作り出した。

・寄附者評価

　県産材・地域材利用による各方面への副次的な貢献が寄附者から高い評価を得た。

・阿蘇神社の地域性の醸成

　県産材・地域材を利用した事実から地域に根差した存在である阿蘇神社の存在感をさらに醸成させた。

再建に生かされた演習林の巨木

宮下 勇さん
県立芦北高校教諭
令和3年3月まで阿蘇中央高校グリーン環境科勤務

フクシマの思いをクマモトに伝える

― 阿蘇中央高校は阿蘇神社再建にどのようにかかわってきましたか。

宮下　阿蘇中央高校は阿蘇高校と合併する以前の阿蘇清峰高校、阿蘇農業高校と遡ると120年ほどの歴史があり、旧波野村に小柏演習林が設けられたのが明治37（1904）年。演習林では林業従事者を育成する目的で、先輩たちが実際にスギ、ヒノキを植え、現代まで守り育ててきました。

　私が阿蘇中央高校に赴任したのが、平成28年4月でしたが、そのわずか14日後に熊本地震が起きています。当時、阿蘇中央高校は休校状態で生徒たちの多くが瓦礫撤去のボランティアに行っていました。5月になり、ようやく生徒が学校へ戻ることができましたが、様々な学校行事が延期や中止となりました。

　その年の夏休み前に東北地方の若者たちから「交流のためにこちらに来ませんか」という誘いがありました。若者たちが宮城県と東京で募金活動をして旅費を工面し私たちを招いてくれたんです。ちょうど東日本大震災から5年経った時で、生徒5名と引率の私が被災地の福島まで向かいました。

　福島では多くの人たちが、復興のために多くの若い人材を育てようとしており、その一環で震災復興への活動で得た「学び」を今こそ熊本の若者に伝えたいというのが目的でした。そこで福島の若者たちが言った「マイナスをゼロにするのではなく、マイナスをプラスにしなくてはいけない」という言葉は忘れることはできません。

　そのころ、阿蘇神社では倒壊した楼門や拝殿の再建計画が進んでおり、その中で外国の材を使うのではないかという情報を知りました。「阿蘇神社の再建に外国の材を使う」ということを生徒に伝えると、みんな一様に「意外」だという反応でした。当初から「再建にわが校の演習林の木を使ってみてはどうか」とは言い出せない状況でしたが、「県産材を使ってほしい」という気持ちは、生徒たちにも伝えてきました。

　結果的に再建計画が進むなか、木材調達のために小柏演習林を阿蘇森林組合の方が見に来てくれました。そこには、96年生のヒノキがあり、平均で直径が38センチほどの大木が育っていました。通常林業では長さ4メートルの丸太の状態で販売するのですが、阿蘇神社クラスになるとさらに長い材が必要となります。演習林からは拝殿

安全祈願祭、御用材伐採の様子

小柏演習林で生徒が伐採する姿を見守った

用の無垢の6メートル材が採れるということを森林組合に確認していただき、阿蘇神社再建への協力の道が開けました。

演習林の木によって「時が繋がる」

── 再建への協力について卒業生や地域の方々の反応は。

宮下　とてもできるとは思っていなかったので、びっくりはされていました。在校生のなかには、父も演習林で実習していたとか、叔父さんも枝払いをしていたとか、おじいちゃんも学んでいたなど、何世代にもわたり関わってきた生徒もいます。県外の卒業生からも、激励の連絡がかなりありました。

安全祈願祭での準備や神事に生徒たちが参加したことも一生に一度の貴重な体験でした。拝殿復旧の話から、老朽化していた2基の鳥居の建て替えの話がでましたが、演習林には明治37年以前からあった木が残っています。それらは「学術の森」と名付けられていて、かなりの巨木となっています。伐ることはないだろうなと言われ続けていましたが、鳥居を建て替えるために、そのスギの大木が使われました。

林業では自分が植えた木が伐採されお金になるのは、2世代先と言われています。自分のおじいちゃんが植えた木がようやく孫の代で役に立つ。それが林業の世界なので、50年ぐらいは普通にかかります。阿蘇中央高校は、学科が変わったり学校名が変わったりした歴史がありますが、先輩たちから受け継がれてきた演習林の木が再建に生かされたことで、しっかりと「時が繋がっていた」のだと実感しました。

最近、森林は環境に良いということが注目されるようになってきました。森林があることで経済的にも利点があります。土砂災害を防いでいる、水源を涵養している、空気を守ってくれている。国も積極的に国産材を使う取り組みを進めてくれています。私はその変遷をずっと見てきましたので、国も県も支援していただいていると感じています。ただ、それに反比例するように林業従事者の高齢化が進んでいます。私自身は、少しでも多くの林業従事者を育てる立場にあります。阿蘇神社再建に関わった阿蘇中央高校の話を伝えることができるのが、教育者としての私にとって最大の財産となりました。

地元材での
先行調達の難しさ

岩下 聡さん
熊本県企画振興部球磨川流域復興局
元熊本県阿蘇地域振興局所属

林業活性化へつながる試み

── 県産材利用促進を図るという県職員で、なおかつ地元出身という立場でどのように再建事業に取り組みましたか。

岩下　阿蘇地域には阿蘇南郷檜という昔から植え継がれてきた良質なヒノキがありますので、阿蘇神社さんには再建に向けて阿蘇南郷檜を使っていただけないかとお願いをしました。そのなかで、阿蘇神社さんと演習林を持つ阿蘇中央高校の二つをマッチングしていく方向性が生まれ、当時の校長先生からも「演習林のヒノキやスギを今使わないならばいつ使うのだ」と、心強い発言をしていただき、生徒さんたちのモチベーションもあがりました。

そして、広く関係者の合意形成を図り、結果的には当初外国産材を使用予定であった部分についても、演習林材を含む多くの県産材を再建工事で使っていただけることとなりました。

一般的に材料については工事の請負業者が調達しますので、阿蘇の地域材を使ってもらえない可能性がありました。そのため阿蘇神社さんへ特別にお願いをして材料だけを先行調達していただき、その材料を工事業者に支給するというかたちにしてもらいました。実際は地域の林業事業の中核と

なっている阿蘇森林組合さんにお願いして木材を調達しました。阿蘇森林組合さんには収益を度外視して「地域のために」という思いで協力していただきました。

さらに現役の高校生をどう取り組みに参画してもらうかということについても、阿蘇中央高校さんにお話をさせていただき、演習林での木材伐採の時は見学もしていただきましたし、現地での安全祈願祭でもテント張りなどを手伝ってもらいました。そのことは熊本日日新聞社の紙面やテレビ・SNSなどでも取り上げていただき全国へ発信することができました。また、安全祈願祭に参加した当生徒さんが、卒業後、くまもと林業大学校を経て林業会社に就職しています。そんなつながりが生まれて「本当によかった」と感じています。

当初の地域材利用の提案から利用決定まで、あまり時間がない中、上司らと協力して資料作成や多数の打ち合わせなどを無我夢中で行いましたが、当時は、こんなに地元のみなさんから喜ばれるような取り組みになるとは思っていませんでした。

── 演習林の木を使ったのが、拝殿と鳥居。木材調達の先行分離発注や調達後の工事請負者との調整の難しさについては。

木材確認の様子。すべての用材の割れ・腐れ等の検査を行うことで品質基準を確保した

岩下　乾燥の具合、節のあるなしなどの品質の確認方法もある程度すり合わせをしたつもりでしたが、やはり調整には難しいところがありました。施工にあたる宮大工さんのこだわりのある独特の造り方とのすり合わせも大変でした。神社再建については通常の住宅の柱を供給するのと違い、部材の種類が多く、削りしろの部分を含めて特に寸法の取り扱いが難しかったようです。最初に設計士さんからもらった図面や計算表には、尺貫法で長さや材積が表記されていましたので、自分たちが分かるように、まずはメートル法に直すことから始まりました。また、通常流通している木材は3メートルや4メートルの長さですが、神社の場合は規格が異なりますので、ロスが出たりとか、逆に長さが足りなかったりとのケースがあり、そういう意味での苦労がありました。

再建を通じて
熊本の林業を全国へアピール

── 阿蘇神社再建を通じて熊本の林業を全国にアピールすることもできました。
岩下　毎年、林業普及指導員が発表する大会があります。このたびの阿蘇神社再建における地域材利用の取り組みについて発表させていただき、その取り組みが高く評価され、九州大会を経て、全国大会でも受賞となりました。その過程で関係者に阿蘇神社での取り組みについての情報が広まりました。全国の林業関係者には熊本県出身の方がたくさんいらっしゃいますので、大会などを通じて随分と激励とお褒めの声をかけてもらいました。地震はつらい経験でしたが、「高校生も参加して、とても素晴らしい取り組みだったね」という声があり、たいへん嬉しく思っています。

　阿蘇には「阿蘇南郷檜ブランド化推進協議会」というのがあり、そこを通じて阿蘇神社再建に向けてヒノキを寄贈していただいた方もいらっしゃいます。実際に阿蘇神社の拝殿正面の扉に使わせていただいています。

　一般的なヒノキは実生がほとんどで根元が肥大しがちですが、阿蘇南郷檜は挿し木で増やすことができる貴重な品種で、母樹の樹形を引き継ぐことが出来るため、根曲がりもなく、根元から直立している優良な品種です。断面も「真円」に近く、生まれながらに優良材の特性を持っています。阿蘇神社再建をきっかけに、阿蘇南郷檜を全国へアピールしていきたいですね。

神社復興を
支えた
地元産材

矢津田明文さん
元阿蘇森林組合参事

特殊材の調達で再建を支える

—— 拝殿と2基の鳥居の材料は、阿蘇中央高校とともに阿蘇森林組合から提供されることになったのですが、そのきっかけは。

矢津田　阿蘇地域振興局から「阿蘇神社の復興をするのに、どうしても地元産材を使いたい」という申し出がありましたが、阿蘇森林組合は神社の材を扱うというノウハウは持ち合わせていませんでした。ただ、熊本市内の木材会社さんに相談するうちに、「これならなんとかなる」と思い始めたところ、阿蘇中央高校さんも協力するということになり「よし、これならやれるぞ」と協力を決定しました。阿蘇神社再建事業へかかわる期間は、私が組合を定年になるまでの2年半とちょうど重なることになったわけですが、この事業が私の森林組合人生の中で最後の大きな仕事となりました。

　通常、森林組合はどのような材木でも取り扱います。ただ、神社用の材は本当に特殊でした。わたしたちがこれまでまったく携わることのなかった世界で流通していた材です。例えば、阿蘇神社の柱は1本が100万円単位ですので、やはり慎重にならざるを得ません。

　再建用の木材は、高森町の小糸さんからも献木していただきましたが、そうそう同じものが揃うわけではありません。工業製品のように大量生産ができるわけではないので、「必要な材がそろいませんでした」となっても、代わりがないという状況でした。だから慎重にならざるを得ません。本当に気を使う仕事でした。

　製材については、阿蘇神社再建に使えるような特殊な材を扱える製材所は熊本県内に何社もあるわけではありません。実際には嘉島町の林田製材所にお願いして、全部挽いてもらいました。そこには阿蘇中央高校の演習林からのものも50本含まれており、製材したほとんどが阿蘇神社再建のために使われています。

地元産材を生かすための工夫

—— スケジュール面での苦労はどうでしたか。

矢津田　苦労しました。伐採した木は水分を含んでいますが、設計会社の注文は「含水率を25%以下に落としてください」ということでした。通常は1、2年ほど丸太のままか、あるいは製材してから、倉庫などに保管して乾燥することになり

木材検査の様子。乾燥の状態（含水率）や節がないか等、発注通りであるか1本1本細かく検査した

ますが、スケジュール的にその期間がとれなくて苦労しました。ただ、幸いにも製材後半年ほどで、ほぼ注文通りの含水率まで下げることができました。

── 調達した南郷檜材料の検査については。

矢津田　検査については日本建築工藝設計事務所さんと藤田社寺建設さんから担当者が来て、5、6千ほどの部材一本ずつをていねいに検査していただきました。例えば、柱については八角形に製材した状態で納めましたが、検査で合格しないものも3、4本ありました。ただ、その材については小さい部材に回すなどして、なるべく地元産材を生かす工夫をしています。

　一方で「4面とも完全無節でください」という注文に応じて、苦労して4面とも無節の材を調達してみても、「下1.5メートルぐらいが無節ならばそれでいいんです」と言われたこともあり、神社建築で隠れる部分と表に出る部分の取り扱いや部材の名称がわからないために苦労することもありました。

関係者全員が心を一つにしたことが成功の理由

── 再建が成功した理由は。

矢津田　関係者のみなさんが、阿蘇神社再建に向かって心を一つに取り組んだことが成功した最大の理由だと思います。関係者が集まった会議でも「これはだめだ。できない」とはだれも言いませんでした。「ああ、なんとかせなんいかん」という言葉だけしか聞きませんでした。材料が揃わなかったならば、どこかの山から探し出し伐採して調達する。われわれは大丈夫だと思って提供した材が、使えないもの材だったら、他の部分に回してもらい、ほかから別の材を持ってくるなどやりくりをして、必要な材をそろえました。再建に関わる関係者が「できない」とあきらめることはありませんでした。

　阿蘇神社再建に関わってみて、もし再びこのような仕事があれば「またやってみたい」という気持ちがあります。森林組合で40年以上働いてみて、「山は生命の源」ということを実感しています。その尊い仕事をしていて、なおかつこのような意義のある大きな仕事をさせていただいたことを感謝しています。もちろん、林業界にとっても貴重な出来事だったと思います。

能因法師の和歌

楼門には様々な墨書が残されています。造営時に限ってみても、部材の設置箇所を示した番付や、造営に関わった職人さんや関係者の名前など、多種多様です。その中には、歌が書かれたものがいくつかありました。そのうちのひとつを紹介します。

1. 巻斗の墨書に書かれた和歌

寺社建築には組物と呼ばれる部分があります。組物は、肘木と呼ばれる部材と斗と呼ばれる部材で構成されています。斗の中には巻斗と呼ばれるものがあり、楼門下層の巻斗の一つに和歌が書かれていました。

内容は、「嵐吹（く） 三室の山の 紅葉は（もみぢ葉）は たつたの川の 錦なりけり」という和歌で、能因法師（988～?）という人物の作品です。

元々は、『後拾遺和歌集』という平安時代の勅撰和歌集に収録された和歌であり、のちに小倉百人一首にも撰ばれています。

ちなみに、参考文献によると、永承4（1049）年11月9日に後冷泉天皇主催で行われた、内裏の歌合で詠まれた和歌だそうです。「三室の山」と「竜田の川」（ともに現在の奈良県）という古来より紅葉の名所であった2つの地名を取り入れた歌となっています。

話は戻り、巻斗の墨書は、造営時に大工さんが書いたものと思われます。このような墨書が残されているだけでもとても興味深いですが、なぜこの墨書を書いた大工さんは、この和歌を知っていたのでしょうか。

楼門下層巻斗　下面の墨書
右側が和歌で、左側は番付「いノ五番」です。

楼門下層　和歌が書かれた巻斗
下面に和歌が書かれています。

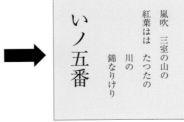

いノ五番

嵐吹　三室の山の　紅葉はは　たつたの　川の　錦なりけり

2. 宇城市の歌碑

　ある日、インターネットでこの和歌について調べてみたところ、熊本県宇城市内にこの和歌の歌碑があることがわかりました。

　不知火町小曽部に所在する歌碑で、現在は宇城市指定の文化財となっています。宇城市のホームページによると、高さ1.2m、幅0.3mほどの板状砂岩で、高さ1.5m、幅2mほどの基壇の上に立っており、造立者は西光院という寺院（現在の熊本県宇土市）の仰誉上人という人物であるとのことです。宇土市にこの仰誉上人と同一と思われる人物が宝永4（1707）年に造立した石造物があるので、宇城市の歌碑も西暦1700年前後に造立されたものであると思われます。

　この和歌の作者である能因法師は、肥後進士を称したり、父が肥後守であったりしたことから、少なからず肥後国（現在の熊本県）と縁があった方のようです。仰誉上人もそのことを知っていたからこそ、この歌碑を造立したのかもしれません。

宇城市の歌碑　和歌が彫られた箇所
だいぶ風化が進んでいます。

宇城市の歌碑・基壇　全景
基壇左の石碑は、旧不知火町によって立てられた石碑です。

宇城市の歌碑　全景
上部に和歌、中央に「能因法師」、下部におそらく「西光院　仰誉上人」などと書かれているようです。

3. 墨書を書いた大工さんの考察

　先述の歌碑が実際に西暦1700年前後に造立されたならば、阿蘇神社楼門が造営された天保14〜嘉永3（1843〜1850）年には既に存在していたことになります。あくまで推測ですが、この和歌の墨書を書いた大工さんはこの歌碑を見たことがあったという可能性は考えられないでしょうか。

　楼門造営に参加した大工さんのうち、棟梁水民元吉を含む4人が小川町（現在の宇城市）出身で、1人が大見村（現在の宇城市）出身です。ともにこの歌碑から10kmほどの場所にある町村ですので、見に行くことは可能だと思います。もし、この歌碑を見て歌の墨書を書いたのであったならば、この5人が書いた可能性が高いといえるでしょう。

　実際の当否は不明ですが、現在の宇城市の地域は、何かしらの方法でこの和歌について知ることができる地域であり、その影響が、離れた地域にある阿蘇神社楼門の墨書に表れた、ということなのかもしれません。

（公財）文化財建造物保存技術協会　石田陽是

参考文献 ──────
鈴木日出男・山口慎一・依田泰『原色　小倉百人一首』文英堂、1997
「能因法師歌碑 - 宇城市」
https://www.city.uki.kumamoto.jp/q/aview/244/417.html

楼門上層懸魚　裏面の墨書
大工棟梁のもとで楼門造営に関わった大工さんの名前と出身地が書かれている箇所です。
赤線で囲った大工さんが、小川町・大見村（松山手永）出身です。（この墨書ですと松山手永と書かれていますが、他の墨書では「松山手永大見村」と書かれていますので、このコラムでも大見村として扱っています。）

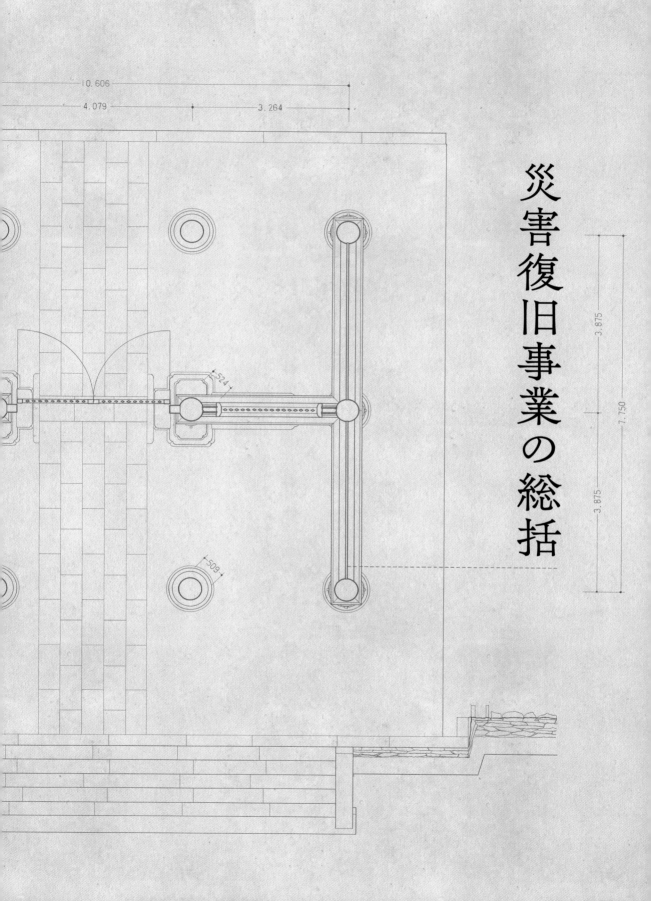

災害復旧事業の総括

神社の災害対応について

國學院大學神道文化学部助教
柏木亨介

はじめに

「災害は忘れた頃にやって来る」との言葉があるように[1]、日本列島において自然災害は繰り返し発生し、被災のたびに復興も繰り返されてきた。実際、阿蘇地域においても平成24(2012)年の九州北部豪雨、平成28(2016)年の熊本地震、令和2(2020)年春から始まるコロナ禍といった、短期間のうちに大規模な災害や災禍に見舞われている。ここでは近年における神社復興の全国的な動向も視野に収めながら、阿蘇神社の一連の災害対応の特徴を述べていく。

1. 神社と地域社会の関係性
−東日本大震災の経験からわかったこと−

① 地域社会の拠点としての神社

近年の自然災害のなかでも、とりわけ平成23(2011)年の東日本大震災はその地震規模、被災者数、被災範囲などにおいて、史上稀に見る大災害であった。震災直後の各神社では次の課題が生じたという[2]。

・神職およびその家族の安否確認
・地域住民が避難してきた神社の救援物資確保およびその搬入搬出作業
・社殿等の流出

神社の管理・運営者である神職は、自宅と家族への対応、本務社と兼務社への対応のほか、神社庁の職務に就いている場合はその職務などに当たらなければならなかった。とりわけ、もともと行政から避難場所・避難所に指定されていなかった神社に地域住民が避難してきた場合、救援物資は指定避難所に届けられる段取りであったから、その確保が課題になったという。神社本庁や各県神社庁としてもこの事態を見過ごすことなく避難先神社に物資を届けたが、その際、搬出・搬入のための人員確保、物流拠点と輸送ルートの調整が必要となった。そこで物資集積拠点となる神社を定め、そこから各神社に分配する体制を取り、搬入搬出作業については神道青年全国協議会と神道青年会の有志などによって行われた。

その後、流出した神社をそのままの状態にしておくことは宗教法人法の解散命令規定に抵触するおそれがあったため[3]、跡地に神社名を記した標柱を建てて、周囲にしめ縄を張り巡らした事例もあった。さらには、神社本庁や各県神社庁からは義捐金の分配、津波によって流出した神社への装束と祭器具の支給、伊勢の神宮からは仮設住宅に神宮大麻や簡易神棚の提供が行われた。そして、各神社では祭りや芸能を限定的なかたちとはいえ催行したところ、地域住民から大いに喜ばれたという。

このように地域住民の避難先となった神社は、もともと地域社会の集会所、児童遊園、公園として利用されていて、実質的に公共施設として機能してきたところである。そして、神社は地域の人びとの心の拠り所として存在してきたことが、このときの

災害対応からみえてきたのであった。

② 復興の担い手

　神社の復興に携わる人びとについては、浄財を差し出す氏子崇敬者、ボランティアに参加したり義援金を寄せたりする全国各地の支援者、そして支援者と被災地との仲取り持ちをする神職・神社界、の3つのアクターに分けられる。

　とりわけ、炊き出しなどの直接的な被災者への支援活動は、被災地の人びととの絆を結ぶ契機となる。東日本大震災では、神職青年全国協議会による青年神職の復旧作業支援活動（瓦礫撤去、境内清掃、植樹、支援物資の提供・炊き出し、避難者との交流会開催）などを行ったが、これらを通して祭りや芸能の復興に筋道が作られた事例も多い。

　さらに、これらのことを契機として、次に他地域で災害が発生した際、かつての被災者が次の被災地の支援者として活動する「被災地のリレー」がみられるようになるという[4]。例えば、熊本県では天草郡苓北町の志岐八幡宮宮司の宮崎國忠氏による福島県南相馬市でのボランティア活動が挙げられ、今回の熊本地震では過去の被災地からの支援の動きもみられるが[5]、これは「恩を返す」、「義理を果たす」といった私たちの心性にもとづく文化的行為であり美徳であろう。

　すなわち、自然災害に見舞われる日本列島では被災者も支援者も総じて復興の担い手となっている。そして、復興した祭りがみせる賑わいと崇高さには、コミュニティの再生と日々の暮らしの平穏無事に対する人びとの願いが反映されている。

2. 一連の災害・災禍における阿蘇神社と国造神社の祭り

　ここでは平成23（2011）年以降に相次いで発生した災害・災禍と、阿蘇神社と国造神社の祭りの対応をみていくことにする（次ページ表1）。

　平成24（2012）年の九州北部豪雨は、阿蘇神社の例大祭御田祭（7月28日）と国造神社の例大祭御田祭（7月26日）の直前の7月12日に発生したこともあって、両祭の神幸式実施の是非が問われた。

　この水害では国造神社の氏子区域である手野地区の3カ所で大規模な土石流が発生して氏子から死者が出たほか、家屋全壊の被災者もいた。地区住民のほぼ全てが約2週間の避難生活を強いられるなか、避難先の一の宮中学校で国造神社総代会が開かれた。会議の結果、神幸式（神輿渡御）は中止して献幣式のみ行い、拝殿内に神輿を安置して駕輿丁（神輿の担ぎ手）がおんだ唄を奉納するかたちとした。8月6日の眠り流しは、駕輿丁たちがおんだ唄を謡いながら手野地区を練り歩き、宮司の宮川家を経由して国造神社拝殿で唄を奉納する行事であるが、土石流のため集落の道路が寸断されている箇所があったほか、氏子から死者が出ていることもあって、拝殿にて駕輿丁による唄の奉納のみというかたちにした。

　阿蘇神社では氏子区域の宮地地区には深刻な被害は少なかったものの、氏子のなかには親戚を亡くしたり捜索中の人もいたりしたため、この年の御田祭の開催の是非が問われはしたが、「阿蘇神社の祭りは祈りの意味も込められいる」という意見によって、例年通り催行された。大水害直後の祭りが開催されたのを受けて、8月の柄漏流（国造神社の眠り流しと同類の行事）も例年通り行われた。

　平成28年4月の熊本地震では、地域の方々から阿蘇神社で祭りをしてくれないと神楽やイベントができないので開催してほしいとの前向きな話が多く寄せられたこともあり、開催自体に障壁はなかったという。ただし、楼門と拝殿が倒壊するなど境内が被災していたので急いで仮拝殿を設置してそこで献幣式を行い[6]、神幸式の神輿渡御は二の御仮屋跡地にテントを張って御仮屋祭を行い、帰社後の宮巡りでは拝殿と神殿が破損していたので、

[表1]　災害・災禍下の祭りの対応

		平成24年7月(2012) 九州北部豪雨	平成28年4月(2016) 熊本地震	令和2・3年(2020・2021) コロナ禍
阿蘇神社	御田祭 (7月28日)	例年通り	二の御仮屋ではテントを張って御仮屋祭を行う。宮巡りは神殿の瑞垣の外側を1周に変更。(翌年以降も同様)	神輿渡御中止。仮拝殿内に神輿を安置し、例年の御仮屋到着時刻に合わせて昼御饌祭、帰社時刻に合わせて夕御饌祭を行う(楽納めを御田歌保存会主要メンバーで行う)。(令和3年は新拝殿にて執行)
	柄漏流 (8月6日)	例年通り	仮拝殿で謡う	御田歌保存会の主要メンバーのみ参加。阿蘇家には立ち寄らず、田鶴原神社と阿蘇神社仮拝殿で謡うのみ。(令和3年は新拝殿で謡う)
	風祭 (旧暦4月4日・7月4日)	例年通り	例年通り	例年通り
	田実祭 (9月25・26日)	例年通り	流鏑馬中止(災害復旧工事の影響) (翌年も中止、翌々年から馬場調整のうえで執行)	流鏑馬中止 (令和3年も中止)
	踏歌節会 (災害後の翌年旧暦1月13日)	例年通り	仮拝殿で謡う(震災翌年の平成29年)	令和2年は、例年通り。令和3年は、御田歌保存会の主要メンバーのみ参加し、阿蘇家には立ち寄らず、仮拝殿で謡うのみ。
	卯の祭 (災害後の翌年3月初卯〜次卯日) 田作祭 (卯の祭期間中の巳〜亥日)	例年通り	例年通り	令和2年は火振りが関係者のみの参加で他の行事は例年通り。翌3年は申日の御前迎えの道中の直会を中止、同日の火振りは関係者のみ参加。
国造神社	御田祭 (7月26日)	神輿渡御中止。神輿を拝殿に安置し、献幣式のなかで駕輿丁が御田歌を奉納。	例年通り	神輿渡御中止。献幣式のなかで神社総代が御田歌を奉納。神輿拝殿。(令和3年も同様)
	眠り流し (8月6日)	拝殿のみ。駕輿丁にて歌奉仕。	例年通り	総代だけが参加し、拝殿で謡うのみ。(令和3年も同様)
	田実祭 (9月23・24日)	例年通り　奉納相撲・中江神楽奉納有り	例年通り　ただし境内災害復旧工事中につき、奉納行事中止	神事のみ斎行。前日祭宮司のみ。当日祭総代参列。翌日祭宮司のみ。(令和3年も同様)
	歌い初め (災害後の翌年旧暦1月16日)	例年通り	例年通り	令和2年例年通り。 令和3年神事斎行。歌の奉納は神社総代。
	春祭り (災害後の翌年3月28日)	例年通り	例年通り	令和2年は例年通り。令和3年は総代の参列なし。宮司のみ。

通常は神殿の周りを7周するところを、神殿を囲む瑞垣を1周するかたちに変更した。いくつかの変更は強いられたが神幸式自体を取り止めることはなかった。8月の柄漏流は仮拝殿でおんだ唄を謡い、9月の田実祭では復旧工事のため参道が使えず流鏑馬奉納が中止となったが、これらの変更は物理的理由によるものであって、自粛や辞退という開催に否定的な心理によるものではなかった。国造神社でも熊本地震では人的被害はなかったので、その4年前の水害時の対応とは対照的に神幸式は例年通りに催行した。

一方、令和2年初頭に始まったコロナ禍は両社ともに開催できる雰囲気にはなかったという。御田祭では神幸式は中止とし、阿蘇神社では仮拝殿に神輿を安置し、献幣式後、例年の神輿の御仮屋到着時刻や還御時刻に合わせて昼御饌祭と夕御饌祭を行い、最後に仮拝殿内で御田歌保存会の主要メンバーが唄を奉納することにした。国造神社では献幣式のなかで神社総代が唄を奉納した。

令和2年3月の卯の祭りは、新型コロナウイルスの感染拡大が本格化する前だったので、御前迎えで行われる火振りは一般参加者を入れずに関係者のみで行い、それ以外は例年通りに行った。翌3年は、御前迎えでの道中の接待は中止にし、火振りも前年に引き続き関係者のみで行った。国造神社でも人との接触が憚られ、すべての神賑・奉祝行事は中止もしくは変更されている。

以上、直近3度の災害・災禍における両社の祭りへの対応を概観すると、物損のみの場合は変更のうえ開催するが、人的被害がある場合は慎重になったことがわかる。また、水害と震災では地元住民の気持ちに沿って開催の是非が決められたが、コロナ禍の場合は政府による自粛要請など、当事者外の意見、すなわち世間体といった外部の規範意識も働いていることが特徴であろう。

3. 神社復興と地域振興との関係
−指定文化財と未指定文化財とのあいだで−

① 神社の新たな公共性

阿蘇神社建造物群の復旧工事には国庫金と寄附金が用いられている。そのうち国庫金については指定文化財に対して使われる。

文化財とは「国民的財産」(文化財保護法第四条二)として公共性を帯びるものであって、だからこそ指定文化財には修理等に際して国・地方自治体の補助(公金)が交付されるのであり、同時に一般公開も求められる。したがって、その復旧過程もホームページなどで随時公表されることになる。また、今回は広く一般に人びとからも寄附金を受けている以上、復旧事業の進捗状況などを報告することが求められる。

震災前まで阿蘇神社では公式ホームページを持っていなかったので、一般財団法人阿蘇テレワークセンターに作成を依頼して開設した[7]。ホームページ上では、毎月の工事の進捗状況と指定寄附金の実績報告を公表しているほか、平成28年8月より毎月1回、工事の技術的解説や工事の過程で新たに判明した社殿や楼門の建築学的特徴や歴史的資料などを「修理工事こぼれ話」として公開し、寄附者をはじめとする世間の関心に応えている。

② 地域外からの復興支援と新たな価値の発見

阿蘇神社の復興には多くの人びとから期待が寄せられている。拝殿の復旧工事では地元の高校から木材の提供を受けたが、これは授業内で木材需要の国内外の現状と国産材の価値について生徒たちが学習していくなかで、地元の人が育てた木材を地元のシンボルの復興のために用いる、という意義が見出され、阿蘇神社の復興を通して地域産材と地域文化の価値の発信が期待されたものである。

さらに阿蘇地域外部からの支援も広がっている。その一つに、旧国宝の蛍丸[8]の写しの奉納が挙げられる。これは、震災前、岐阜県関市で修業していた九州出身の刀匠が独立を機に名刀の写しを製作しようと思い立ち、阿蘇神社に押形を利用したいとの相談を入れたことを契機とする。もともと蛍丸復興プロジェクトは刀剣ファンのイベントとしての意味合いが強かったが、熊本地震の発生を受けて神社復興の支援という意味が加わった。平成28年8月27日に奉納焼き入れを行い、平成29年6月17日に仮拝殿で奉納式の後、写しの刀が公開された。その後、この刀は8月7日から9月22日まで肥後銀行本店ギャラリーで展示された。さらに令和元(2019)年9月30日から11月16日にかけて、肥後銀行主催の展覧会「復興のシンボル　熊本城・阿蘇神社」が開催され、蛍丸写しの展示と、復旧事業の実務担当神職の池浦秀隆権禰宜による「重要文化財阿蘇神社6棟造営の意義」と題したギャラリートークが催された。

熊本市現代美術館では、平成29年12月16日から翌30年3月18日まで「熊本城×特撮美術　天守再現プロジェクト展」を開催し、熊本城ミニチュアセットや阿蘇神社楼門、神幸門、還御門の模型を製作して展示した。展覧会終了後、楼門の模型は阿蘇市に寄贈された。

また、事務機器の富士ゼロックス(現、富士フイルムビジネスイノベーション株式会社)では、もともと社会貢献活動の一環として各地の古文書の複製に取り組んでいたが、今回の震災を受けて、阿蘇神社に伝わる後醍醐天皇綸旨など古文書9点のレプリカを最新のデジタル技術を駆使して作製し、同社に奉納した。

以上、複製の製作は現物保護や研究資料としての情報を後世に残すという意義があり、寄付金以外にも神社の価値を伝える復興プロジェクトが各方面から提案された。ここには肥後一の宮の復興は熊本の復興に繋がるという発想が認められる。

③ 国外からの復興支援

今回の復興には国外からも支援の手が寄せられている。震災直後、台湾の社団法人台南市台日友好交流協会(郭貞慧会長)は、阿蘇神社の了解を得て、「阿蘇神社台南支援重建　熊本地震募款演講會」と銘打った阿蘇神社支援のためのチャリティ講演会を台南市で企画した。講師は筆者(柏木)が務め、6月4日午後2時から南紡購物中心(大型ショッピングセンター)にて「阿蘇神社的偉大歴史及祭禮」、6月5日午後7時から林百貨(日本統治時代の百貨店建物を活用した商業施設、市定古蹟)にて「神道建築解密及阿蘇神社的文化財」と題する講演会を行った。会場規模の関係上、聴衆は20〜30人程度ではあったが、SNS上で動画配信され、多くの人が視聴できる体制になっていた。

その後、友好交流協会は台湾各地で募金活動を継続し、活動・精算報告を所管庁に済ませた後、翌29年8月26日、郭会長以下16人が阿蘇神社に来社し、義援金を阿蘇治隆宮司に手渡した。

神社神道とは縁のない台湾においても支援の輪が広がりをみせている理由は、先に触れたとおり、「被災地のリレー」によるものである。ともに震災頻発地帯の日本と台湾とのあいだには、以前から救助隊派遣や援助物資提供、義援金送付といった交流があった。こうしたことを背景に台湾の人びとも支援の手を差し伸べているのである。このように、神社復興とは信仰の有無とは別に人道的見地からグローバルに進められていることも近年の特徴といえよう。

4. 神社復興と地域振興との関係
−信仰と振興−

現在、行政では鋭意、震災復興、地域振興に向けて取り組んでいるが、震災前から地域経済の

活性化には取り組んでおり、各種行政計画が練られて個別の事業が進められてきた。結論から先に言えば、震災復興は既存の地域振興計画と併せて行われている。

行政計画の策定には、まずは地域社会を包括する大きな目標（構想）が掲げられるが、このときに地域のブランド化が行われる傾向にある。阿蘇地域では昨今の環境保全に関する世界的な取り組みを受けて、平成後期には相次いで地域ブランド化が推進されており、現在のところ次の動きがみられる。

■平成19（2007）年〜現在
　阿蘇地域の世界文化遺産登録に向けた活動
■平成25（2013）年5月29日
　世界農業遺産認定[9]
■平成26（2014）年9月
　世界ジオパークネットワーク認定加盟[10]
　（ユネスコ世界ジオパーク）
■平成29（2017）年10月13日
　重要文化的景観「阿蘇の文化的景観」選定[11]

以上は、これらの遺産や文化財の認定・指定を通して地域全体の魅力を高め、個々の構成資産の保全と活用に関する適切な施策を進めていくという地域振興政策としての性格を有している。その立案には地域を一体化して捉える歴史と文化のストーリーの確立が求められる[12]。すなわち、阿蘇神社の歴史と祭りのストーリーを通して、阿蘇地域の農地や牧野の維持管理や火山防災の体制整備に対する住民・国民の理解を促そうとしている。

以上の取り組みと連携しながら、近隣自治体が共同して観光圏の整備を図って地域振興に取り組んでいる。例えば、熊本県阿蘇地域振興局や阿蘇郡市7市町村、上益城郡山都町を含む地元関連団体を構成機関とする阿蘇ジオパーク推進協議会が策定した「阿蘇エコツーリズム推進全体構想」[13]は、阿蘇の自然を活用したツーリズムの推進を謳うなかで、観光資源の一つに阿蘇神社や国造神社、阿蘇の農耕祭事を挙げている[14]。そして、同構想の「推進の目的と方針」において、震災を受けて「地域の観光業や農畜産業の復活を含めた、『震災からの復興』という視点が不可欠」とし[15]、観光振興と震災復興を一体化して進める方針を採っている。

こうした方針は、阿蘇郡市7市町村と上益城郡山都町、大分県竹田市、宮崎県西臼杵郡高千穂町が策定した「阿蘇くじゅう観光圏整備計画（平成30〜34年）」[16]にも読み取れる。観光圏を構成する市町村の主な観光資源として阿蘇市では「阿蘇神社、山岳信仰や農耕に基づく祭事」が挙げられている[17]。そして、「噴火をはじめとする自然災害も多く、阿蘇くじゅう高千穂地域の歴史は災害からの復興の歴史であるといっても過言ではない」[18]と記載され、震災復興という目的に沿って、阿蘇の自然を恩恵よりも畏敬の対象として捉えていることがわかる。

このような観光振興の文脈のなかで神社は観光スポットとして紹介されるが、たんに物見遊山的なアトラクションとしてではなく、阿蘇火山の活動を背景とした自然と人間の営みという全体のストーリーのなかの信仰的要素として神社が位置付けられ、振興と復興への願いがここに仮託されるのである。

おわりに

阿蘇地域では人的被害をともなう災害は頻繁に発生しており、その都度、地域社会は対応してきた。

人的被害を受けた場合は神賑・奉祝行事を自粛する傾向にあるが、阿蘇神社の御田祭では「祈りの意味もある」という地域社会の復興を願う意味が与えられたことを受けて開催された。

　そのため同社の復旧事業も単なる建造物の復旧ではなく、地域社会の復興という意味が強調されている。阿蘇神社は地域のシンボルとして捉えられ、同社の復興には地域社会の復興が仮託されている。この認識は行政による地域振興計画にも認められ、阿蘇神社とその摂社国造神社は地域ブランドを支える文化資産として位置付けられるとともに、そこで紹介される信仰対象には農耕（五穀豊穣）に加えて火山（防災）が入りつつある。復興と振興のあいだで、阿蘇の自然は豊穣をもたらすものから災禍をもたらすものへと意味付けの広がりをみせている。

1　この言葉は寺田寅彦が関東大震災後に書いた随筆の内容を受けて広まったとされる（『天災と国防』講談社学術文庫、2011年（初出1934年））。本稿の調査地である旧一の宮町が発行した、平成2年7月2日大水害の記録誌の後書きもこの標語に触れている（熊本日日新聞情報文化センター編『一の宮町大水害の記録　平成2年7月2日』一の宮町、1995年、68頁）。奇しくもその後阿蘇地域では災害が繰り返し発生した。

2　藤本頼生「解説」『東日本大震災神社・祭り─被災の記録と復興─』（神社新報社、2016年、3～21頁）

3　宗教法人法（昭和二十六年法律第百二十六号）第八十一条三「当該宗教法人が第二条第一号に掲げる宗教団体である場合には、礼拝の施設が滅失し、礼拝の施設が滅失し、やむを得ない事由がないのにその滅失後二年以上にわたつてその施設を備えないこと。」

4　渥美公秀『災害ボランティア─新しい社会へのグループ・ダイナミックス』（弘文堂、2014年）

5　黒﨑浩行「解説」『東日本大震災神社・祭り─被災の記録と復興─』（神社新報社、2016年、113～115頁）

6　熊本地震で拝殿は被災しており令和3年6月までは仮拝殿を設置して神事を行っていた。

7　阿蘇テレワークセンターとは、旧郵政省の「地域・生活情報通信基盤高度化事業」によって設置された高度な情報通信基盤施設であり、プロバイダ・ホームページ制作・システム開発・マルチメディア制作の事業を行っている。平成10年（1998）から運用し、阿蘇神社のほか地元の企業・公共団体のホームページ作成を請け負っている。

8　昭和6年12月14日旧国宝指定「太刀 銘来国俊／永仁五年三月一日」、昭和20年（1945）12月4日GHQへの供出後所在不明となる。なお、阿蘇家と阿蘇神社ではそれぞれ蛍丸と備前長光の押形を所有している。

9　世界農業遺産とは、国際連合食料農業機関が平成14年（2002）に立ち上げたGlobally Important Agricultural Heritage Systems（略称GIAHS）というプロジェクトである。次世代に受け継がれるべき重要な伝統的農業（林業、水産業を含む）や生物多様性、伝統知識、農村文化、農業景観などを全体として認定し、その保全と持続的な活用をはかるものである（阿蘇地域世界農業遺産推進協会「世界農業遺産"阿蘇"オフィシャルサイト」参照 https://www.giahs-aso.jp　閲覧日：2023年10月29日）。

10　ユネスコ世界ジオパークとは、「国際的に価値ある地質遺産を保護し、そうした地質遺産がもたらした自然環境や地域の文化への理解を深め、科学研究や教育、地域振興等に活用することにより、自然と人間との共生及び持続可能な開発を実現することを目的とした事業」である（文部科学省ホームページ「ユネスコ世界ジオパーク」https://www.mext.go.jp/unesco/005/004.htm　閲覧日：2023年10月29日）。ユネスコの支援のもと平成16（2004）年に設立された世界ジオネットワークが審査・認定していたが、平成27年11月、ユネスコの正式事業になった。

11　重要文化的景観とは、「地域における人々の生活又は生業及び当該地域の 風土により形成された景観地で我が国民の生活又は生業の理解のため欠くことのできないもの」（文化財保護法第二条第一項第五号）である。

12　具体的には、「歴史・文化資産を活かした復興まちづくりに関する基本的考え方」（2012年、国土交通省都市局）を参照。このようなことから、現在の自治体では文化財の活用を担当する組織や機関は、教育委員会ではなく首長部局に置かれることが多い。

13　「阿蘇エコツーリズム推進全体構想」（阿蘇ジオパーク推進協議会、2019年7月11日）

14　前掲13、18～19頁 。

15　前掲13、2頁。

16　「阿蘇くじゅう観光圏整備計画（平成30～34年）」（熊本県阿蘇市、阿蘇郡南小国町・小国町・産山村・高森町・南阿蘇村・西原村、上益城郡山都町、大分県竹田市、宮崎県西臼杵郡高千穂町、2018年）

17　前掲16、15頁。

18　前掲16、13頁。

付記：本稿2章以下の内容は、拙稿「災害復興と地域振興のなかの神社─阿蘇の自然災害を事例に─」（『神道宗教』264・265号、2022年）の一部を引用・改稿したものである。

災害復旧事業の環境
― 文化財としての阿蘇神社 ―

阿蘇神社権禰宜　**池浦秀隆**

はじめに

　熊本地震の被害から阿蘇神社を復旧すること、それは実質的に損壊した社殿を元に戻し、滅失したものについては再建する行為であった。一見すると建造物ベースの物質的な事業展開だが、それが神社の復旧に相応しいものか自問自答する内実があった。その理由のひとつには、阿蘇神社を宗教施設としてではなく「文化財」という概念の型にはめ込み災害復旧せざるを得なかったことにある。背景には神社を「文化財」とする社会認識の普遍性、さらに文化財にはシンボル化されやすい性質がある。

　実際に阿蘇神社は熊本城とともに被災した文化財の代表格に位置付けられ、大きな注目を集めた。このことが多大な支援を享受する機会を生み出し、お陰で阿蘇神社の復旧が力強く推進したこと

に疑いはない。ただその中で、次第に"被災した"文化財の扱いが強まり、信仰対象としての性質に配慮すべき懸念が浮き彫りになったことも事実である。

　文化財には行政が定める指定文化財だけでなく、指定されていないが文化財的な価値を有する、いわゆる「未指定文化財」とされる場合や、さらには有形無形を問わず単に漠然とした概念で認識されることも含め、阿蘇神社はいずれの対象でもあった。それらを踏まえ、ここでは阿蘇神社という信仰対象（宗教施設）を「文化財として復旧する」場合の環境について、具体例を交え実務者の視点で述べてみたい。

文化財認識の特性

　阿蘇神社を復旧するためには、必然的に被災した社殿群の姿を晒しつつ支援を求めていく、やむを得ない選択が生じた。あくまで個人的な所感だが、こうした対応には信仰対象への境界観念（配慮）を損なわせる側面があり、神社の尊厳を考える上で複雑な心情をともなうものであった。そうした

ASO shrine | 131

なか、被災した阿蘇神社を「文化財」として扱いながら復旧復興に取り組むことになるのだが、まずは文化財がどのように認識されているのか、私見3点を掲げておきたい。

(1) 文化財という概念の曖昧性

何をもって文化財とするのか、そして対象のどこまでが文化財なのか範囲が曖昧である。例えば阿蘇神社を文化財と呼ぶのであれば、それは阿蘇神社の総体を指すのか、社殿などハード面に限定されるのか、ソフト面は含まれるのか、一般概念を定義することは難しく曖昧に認識される傾向にある。

(2) 漠然とした価値認識

文化財にも個性があるはずだが、文化財と称するだけで同類に括られやすい傾向がある。つまり文化ブランドの話になりやすい。強いていえば神社のような信仰対象は機能し続ける現役の文化財といえるが、すでに役割を終えて保存状態にあるものや、外見は元の姿であるものの用途変更され活用されるもの等、個々は性質を異にする。こうした価値の違いを理解するには、それなりの専門性をともなう。

(3) 文化財を取り巻く多様な環境

専門性はともかく、「文化財」と認識するものを大切にすべき社会通念は揺るぎない。それゆえに守り方や伝え方（表現）をめぐる多様な動向が生じやすい。とくに災害等の非常時には盛況になりやすい。ただそれが文化財個々の性質に沿うものか検証されにくい傾向がある。

こうした文化財への認識は個々の立場で異なり、また強弱もある。とくに行政と一般認識の差は大きい。行政は公的資金の充当を可能にさせるため、阿蘇神社をあくまで「信仰対象ではなく文化財」と解釈する前提がある。ただし活用をめぐる事案や組織の立場で解釈が相違する場合がある。対して一般者は、そもそも阿蘇神社を信仰対象に

位置付けることが通例で、仮に文化財と認識することはあっても、それは文化的価値の表現に過ぎない。その認識幅は広く、したがって支援の形態も多様だった。

つまり阿蘇神社の災害復旧事業では、こうした交錯する文化財認識を擦り合わせる姿勢が求められた。実際は行政の文化財認識（狭義では文化財建造物として）のもとで進められる傾向が強く、神社側が考える信仰環境に異質な価値認識を介在させる継続課題に向き合いながらの事業展開となった。

指定文化財の取り扱い

実際に行政から「文化財」と解釈される阿蘇神社の実像はどのようなものか。ここでは宗教法人の阿蘇神社が所有者である「指定文化財」、つまり「社殿という重要文化財建造物」がどのように扱われるのかを紹介したい。実際の災害復旧は公的支援なしで進めることができない現実があり、必然的に行政が指定する文化財を中心に展開する。

国・県・市町村という行政が文化財を指定する際には、その価値を判断するための調査や研究実績が不可欠である。文化財は専門分野の見識によって価値付けられるもので、それを修理または災害復旧しようとする場合においても、同様の専門分野の見識において進められることが通例である。ところが近年はこれに加え、「活用」や「情報発信」が重視されるようになった。

とくに「活用」する行為は、広く文化財への関心を高め、持続的に文化財を守る効果的な手法として定着してきた。それゆえに文化財の役割を幅広く解釈させる傾向が生じ、その認識は年々強くなりつつある。とくに観光資源の価値付けは際立ち、いまや文化財の経済的な役割が求められる時代になった。ただ経済的な担保は必要だが、活用指針

が示されていないことに些かの懸念がある。

「情報発信」については、文化財事業に充当される公的資金の使途や効果など、いわゆる適正運営を周知することが主たる目的で、そもそもの文化財の本質的な価値を発信する教育的意義よりも重きを置く傾向を感じる。さらに神社のような宗教法人が所有する指定文化財は、公的資金の使途が宗教の領域に及ぶか否かの判断も影響する。例えば、熊本県はこのたびの熊本地震で被災した文化財を支援するため、「被災文化財復旧復興基金」を設立して広く寄附金を募った。これは未指定の文化財さえも救おうとした画期的な制度であったが、宗教法人が所有する未指定の物件については対象外とされた。こうした事例は、災害時においても政教分離の解釈論がデリケートな問題であることを示唆している。

それでも宗教法人にとれば、文化財に指定されることで政教分離の解釈論が不要になり、公的資金で災害復旧を進める可能性が高まる。ただし指定文化財であっても、例えば指定文化財建造物の環境に関する間接事案など、どこまで行政が関与するのか範囲を仕分ける必要が出てくる。そもそも文化財たる社殿（建造物）の使用法は宗教行為そのもので、近接する未指定社殿の取り扱い等、宗教

機能のなかに指定文化財の及ぶ範囲を設定することは困難である。したがって、行政側も積極的な範囲解釈を嫌うのは当然であろう。そのために、行政側と神社側が合意の上で修理方針や環境課題を踏まえた保存や活用の計画を事前に策定していれば、ある程度の煩雑な事務手続きが解消され、速やかに災害復旧に着手することができる。

文化財の境界概念に対応した災害復旧事業区分

上記のような行政との関係性を踏まえ、結果として阿蘇神社の災害復旧事業は以下の3区分で進めることになった。

（1）国指定重要文化財6棟を対象にした、公的資金（補助金）が充当される国・熊本県・阿蘇市の補助事業。

（2）未指定の社殿うちで、倒壊した拝殿・翼廊や斎館を対象にした復旧・再建事業で、当該事業への寄附者が税制優遇される特例措置を活用したもの（別称：指定寄附金事業）。制度の利用には、熊本県による事業計画の確認と報告をともなう。

（3）上記の（1）と（2）以外で、一般寄附金と自

■阿蘇神社災害復旧事業の区分
事業区分と行政の関与

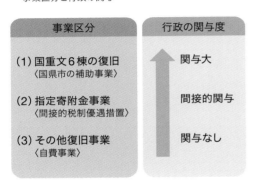

■文化財の境界とは
行政からみた文化財の境界

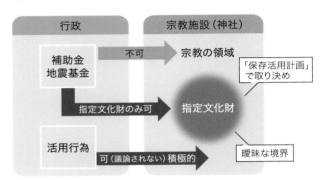

己資金を充当する阿蘇神社独自で行う復旧事業。

これらは文化財指定の有無に基づき建物単位で仕分けた事業区分で、それぞれの性格をみると（1）は行政の関与が強く、（3）は全く関与がない、（2）は中間的位置にあり間接的に行政が関与する。その本質は、公的支援を受けるために公助と自助で取り組む対象を明確に区分するための設定であった。ただし、これら3つの事業区分は複雑に絡み合い、その領域調整が煩雑になるのは必然であった。

指定文化財を所有する意味

行政の指定文化財に対する姿勢とは、公的資金の充当に係る案件ゆえに慎重である。一方で、公的資金に関係のない活用案件は政教分離の議論に及ばない。その活用案件は指定文化財所有者（神社）の自己判断と自己責任によるところが大きい。ただ復興気運が高まるなか、シンボル化・ブランド化した文化財の扱いを受けることになれば、広域社会レベルの活用案件が積極的に持ち込まれ、自己判断では済まされない現実が生じる。さらに行政組織のタテ割りによって文化財の認識や活用目的が異なるため、所有者（現場）が行政組織間の目的を調整する混乱もあった。

それでも宗教法人が指定文化財の所有者であれば、災害時において政教分離の解釈を超えた公的支援の恩恵を被ることができるため、活用案件の難しさに勝る強力なツールを得ることができる。加えて平素から学術的な価値や資源的な価値を高めるなど、宗教性をともなわない評価実績を積み上げておくことも災害に対する現実的な備えといえる。

その上で、文化財の所有者には大きな自覚が求められる。公的資金を活用した文化財事業には高い

適正意識が求められることは当然であり、さらにセットである「活用」や「情報発信」の課題は肥大化する。シンボル化・ブランド化した文化財に対する社会気運を真摯に受け止めなければならず、大きな負担を生むことがある。それが文化財本来の性質に沿うものか、熟慮すべき展開になることを指摘しておきたい。

おわりに

熊本地震では多くの被災神社が先行き不透明な復旧課題を背負うなか、阿蘇神社の災害復旧の展開は熊本復興の精神性を担うように当初から高い注目を集め、かつ長く持続した。そもそもの阿蘇神社への歴史評価とともに、社会生活の困窮課題に関連しない復旧現場であったことも、熊本県レベルの復興機運が向けられた要因だと筆者は考えている。

熊本地震以前からも、近年はオリンピック等の国際大会開催にともない観光立国に向かう動向が活況を呈していた。文化財への期待は一層高まり、そのための資源的活用も強まりつつあった。そこに熊本地震が発生し、復興気運は文化財の役割をさらに多様化させた。

こうした動向を否定するつもりはないが、文化財活用の動向は事後承諾になりやすい上に、それがシンボル化・ブランド化ゆえに過度になる傾向を感じざるを得なかった。場合によっては、本来の目的である復旧行為を遅延させ、そのあり方次第で尊重すべき文化財の個性が覆い隠される懸念が生じたことも否めない。

阿蘇神社が災害復旧される過程で、信仰対象としての本質をどれだけ担保できたのか、神社を「文化財として扱う」意味を問われたことは、熊本地震から学んだもう一つの教訓であった。

災害復旧事業費

平成28（2016）年4月の熊本地震発生直後から行われた約8年間に渡る阿蘇神社災害復旧事業は、事業費総額約25億2600万円の大型プロジェクトとなった（令和5年9月時点の概算額）。

大別される三つの各事業費は、補助事業：約15億300万円、指定寄附金事業：8億5千万円、その他復旧再建事業：1億7300万円であった。

特に平成30（2018）年度〜令和3（2021）年度の4年間は楼門修理工事（補助事業）の本格稼働や斎館復旧工事及び拝殿再建工事（指定寄附金事業）などが重なり、年度単位の事業費も約4億円〜5億円超の規模感となった。

また事業費収入においては各方面からの厚いご支援を賜ることとなり、各事業費の大半は国・熊本県・阿蘇市からの補助金（14億7700万円）、復興支援金として一般崇敬者様から奉納いただいた奉賛金（5億2500万円）、税制特例制度利用の寄附者様からの指定寄附金（4億円）などから充当することができた。

阿蘇神社災害復旧事業　年度毎の各事業費

単位：百万円

事業名 ＼ 年度		H28	H29	H30	R1 (H31)	R2	R3	R4	R5	R6	合計
① 補助事業		67	156	193	306	202	180	175	209	16	1,503
内訳	補助事業（保存修理事業）	67	156	193	306	202	165	169	154	-	1,411
	補助事業（雨水排水施設整備事業）	-	-	-	-	15	-	2	16		33
	補助事業（防災施設整備事業）	-	-	-	-	-	-	6	53	-	59
② 指定寄附金事業		-	7	196	213	240	193	-	-		850
③ その他復旧再建事業		37	0	5	16	20	37	2	9	48	173
災害復旧事業費合計		104	163	393	535	462	411	177	218	64	2,526

阿蘇神社災害復旧事業　収入実績ご報告

単位：百万円

内訳	①補助金 国・熊本県・阿蘇市より	②奉賛金（一般寄附金） 復興支援金として一般崇敬者様より	③指定寄附金 制特例制度利用の寄附者様より	④自己資金 阿蘇神社資金より	合計
収入	1,477	525	400	124	2,526

※令和5年9月末時点の実績額
※補助金については令和5年度精算見込み額、令和6年度交付見込み額も含む

災害復旧事業の歩み

年月	工事・祭事関係	補助金・指定寄附金手続き・契約関係
平成28年 (2016)		
4月	熊本地震発生、楼門・拝殿・南翼廊が倒壊、その他社殿が損壊／安全確保、社殿保護のための緊急対応工事を開始／仮参拝所を設置	
5月	倒壊した楼門の養生工事を実施／防犯カメラ設備を仮復旧	
6月	仮拝殿の設置工事に着工 地震被害の緊急対応工事が完了	仮拝殿建設工事を㈱小山社寺工業所と契約
7月	仮拝殿の設置工事が完了／損壊した二の御仮屋を解体／境内の自動火災報知機を仮復旧	重要文化財保存修理事業　平成28年度国庫補助が交付決定（※平成30年度まで繰り越し実施）
8月	一の神殿・二の神殿・三の神殿・神幸門・還御門の復旧工事に着工	重要文化財6棟保存修理工事設計監理業務を(公財)文化財建造物保存技術協会と契約
9月	倒壊した楼門解体工事実施のため御札所を移動、あわせて修理工事を実施	重要文化財保存修理事業　平成28年度熊本県補助事業(1)が交付決定（※平成30年度まで繰り越し実施）
10月	重要文化財6棟災害復旧工事に着工、安全祈願祭を執行／阿蘇中岳第一火口が爆発的噴火、境内には大量の降灰	重要文化財保存修理事業　平成28年度阿蘇市補助事業が交付決定 重要文化財6棟保存修理工事（第1期）請負工事を清水建設㈱と契約
11月	倒壊した拝殿・翼廊の解体工事に着工、あわせて損壊した神饌所の建て起こし工事を実施	
12月	楼門の部材解体格納のための素屋根建設工事に着工	
平成29年 (2017)		
1月		拝殿・翼廊の再建、斎館復旧のための「熊本地震により滅失又は損壊した建物等の原状回復のための寄附金」（指定寄附金制度）の事業承認
2月	拝殿・翼廊の解体工事が完了	指定寄附金の募集を開始
3月		重要文化財保存修理事業　平成28年度熊本県補助事業(2)が交付決定（※平成30年度まで繰り越し実施）
4月	斎館復旧工事に着工	斎館復旧工事の設計監理業務を㈱日本建築工藝設計事務所と契約
5月	二の神殿修理のため仮殿遷座祭を執行	
8月		重要文化財保存修理事業　平成29年度阿蘇市補助事業が交付決定
9月	神幸門・神饌所・神輿庫の警報設備を仮復旧	
10月	三の神殿修理のための仮殿遷座祭を執行	
11月	楼門の部材解体格納工事が完了	
平成30年 (2018)		
2月		重要文化財保存修理事業　平成29年度国庫補助事業が交付決定（※平成30年度まで繰り越し実施）
3月		重要文化財保存修理事業　平成29年度熊本県補助事業(1)(2)が交付決定（※平成30年度まで繰り越し実施）
4月	楼門の部材解体用素屋根解体が完了／斎館復旧工事安全祈願祭を執行	重要文化財保存修理事業　平成30年度阿蘇市補助事業が交付決定 斎館復旧の請負工事を㈱小山社寺工業所と契約
6月	一の神殿修理のための仮殿遷座を執行	
8月	倒壊した拝殿・翼廊の基礎解体工事を実施	
10月		
11月	斎館復旧工事が完了	拝殿・翼廊の再建、及び神饌所・神輿庫復旧工事の設計監理業務を㈱日本建築工藝設計事務所と契約
12月	斎館復旧工事完了奉告祭を執行／南北鳥居の解体工事に着工	

	文化庁による指導・委員会関係	情報発信
	文化庁調査官による被害状況の確認（重文6棟の復旧工事事前着工を承認）、責任役員会で災害復旧の着手を決定	情報発信のための公式SNSを開設
	文化庁による祭礼の被害調査（現地）	阿蘇神社公式ホームページを開設
	第1回修理委員会の開催	
		重要文化財6棟災害復旧工事着工の報道発表
		阿蘇神社ガイド待機所を開設（協力：阿蘇ジオパークガイド協会）
	文化庁調査官による指導（現地）	
		自費による災害復旧事業（指定寄附金事業）の開始について報道発表
	第2回修理委員会の開催	災害復旧事業経過の報道発表
		「阿蘇神社展」が開会（肥後の里山ギャラリー）
	文化庁調査官による指導（現地）	楼門解体格納工事の報道発表
	第3回修理委員会の開催	
		楼門解体格納工事完了の報道発表
	文化庁調査官による指導（現地）	
	第4回修理委員会の開催	
	文化庁調査官による指導（現地）	楼門解体用素屋根撤去の報道発表
	第5回修理委員会の開催	
	文化庁調査官による指導（現地）	
	文化庁調査官による指導（現地）	
	文化庁調査官による防災施設指導（現地）	
		斎館工事完了にともなう関係者への披露、報道発表

年月	工事・祭事関係	補助金・指定寄附金手続き・契約関係
平成31年／令和元年（2019）		
1月	拝殿・翼廊の再建工事に熊本県産材を使用することを決定	
2月	拝殿・鳥居御用材伐始め奉告祭・安全祈願祭を執行（県立阿蘇中央高校演習林にて）／拝殿・翼廊再建工事の用材調達を開始／解体した拝殿旧材の保存小屋を設置／南北鳥居の解体工事が完了	拝殿・翼廊再建のための用材調達業務を阿蘇森林組合と契約
3月	一の神殿、二の神殿の復旧工事完了にともなう本殿遷座祭を執行	指定寄附金募集を終了
4月		重要文化財保存修理工事（第2期）請負工事を清水建設㈱と契約 重要文化財保存修理事業　令和元年度国庫補助事業が交付決定 重要文化財保存修理事業　令和元年度熊本県補助事業（1）（2）が交付決定 重要文化財保存修理事業　令和元年度阿蘇市補助事業が交付決定
5月	阿蘇山上神社（旧社務所・神門）の解体工事を実施	
6月	南北鳥居再建のための用材調達を開始	南北鳥居再建工事のための用材調達業務を阿蘇森林組合と契約
7月	楼門の基礎解体工事に着工	拝殿・翼廊の再建、神饌所・神輿庫復旧の請負工事を清水建設㈱と契約
8月	楼門保存修理工事安全祈願祭、及び拝殿・翼廊再建工事の安全祈願祭を執行	
9月	拝殿・翼廊の再建、神饌所・神輿庫復旧工事に着工	
10月	楼門保存修理工事のための素屋根建設に着工	
11月		
12月		南北鳥居再建工事の設計監理業務を㈱日本建築工藝設計事務所と契約
令和2年（2020）		
1月		
2月		南北鳥居再建の請負工事を清水建設㈱と契約
3月	楼門保存修理工事用の素屋根建設が完了／南北鳥居再建のための用材調達が完了	
4月		重要文化財保存修理事業　令和2年度国庫補助事業が交付決定 重要文化財保存修理事業　令和2年度熊本県補助事業（1）（2）が交付決定 重要文化財保存修理事業　令和2年度阿蘇市補助事業が交付決定
7月		
8月		
10月	南北鳥居再建工事に着工	
11月		
12月	拝殿・翼廊再建工事の上棟祭を執行／南北鳥居再建工事が完了、奉告祭を執行／拝殿・翼廊再建工事の用材調達が完了	
令和3年（2021）		
1月		
2月	楼門保存修理工事立柱祭を執行	
3月		
4月	一の御仮屋・二の御仮屋再建工事に着工	重要文化財保存修理事業　令和3年度国庫補助事業が交付決定 重要文化財保存修理事業　令和3年度熊本県補助事業（1）（2）が交付決定 重要文化財保存修理事業　令和3年度阿蘇市補助事業が交付決定 一の御仮屋・二の御仮屋再建の請負工事を渡辺建設㈱と契約
5月		
6月	拝殿・翼廊の再建、神饌所・神輿庫の復旧工事が完了	雨水排水施設整備事業　令和3年度国庫補助事業・熊本県補助事業が交付決定

文化庁による指導・委員会関係	情報発信
第6回修理委員会の開催	
第7回修理委員会の開催	災害復旧工事第2期（楼門保存修理工事）について報道発表
	災害復旧工事（H28-H30版）経過報告リーフレットを発行、境内に説明パネルを設置
	「復興のシンボル熊本城・阿蘇神社展」が開会（肥後の里山ギャラリー）
第8回修理委員会の開催	
	楼門保存修理工事、拝殿再建工事の進捗について報道発表
第9回修理委員会の開催	
文化庁調査官による指導（現地）	
	楼門保存修理工事、拝殿再建工事の進捗について報道発表
	楼門素屋根の完成について報道発表（素屋根壁面にモンタージュ写真を設置）
文化庁調査官による指導（現地）	第2期災害復旧工事（令和2年度版）報告リーフレットの発行
	境内に説明パネルを設置
第10回修理委員会の開催	
文化庁調査官による指導（現地）	楼門保存修理工事、拝殿再建工事の進捗について報道発表
第11回修理委員会の開催	
	楼門保存修理工事、拝殿再建工事の進捗について報道発表
文化庁調査官による防災施設指導（オンライン）	
	災害復旧工事の進捗について報道発表
文化庁調査官による指導（オンライン）	

年月	工事・祭事関係	補助金・指定寄附金手続き・契約関係
令和3年（2021）		
7月	拝殿・翼廊の再建、神饌所・神輿庫の復旧工事竣工祭を執行／一の御仮屋・二の御仮屋再建工事が完了／雨水排水施設整備工事（第1期）に着工	拝殿・翼廊の再建、斎館復旧のための指定寄附金事業が完了 雨水排水設備整備工事（第1期）　設計監理委託業務を㈱スペックと契約
8月	仮拝殿の解体・移築工事に着工	仮拝殿の解体・移築の請負工事を渡辺建設㈱と契約 雨水排水設備整備（第1期）の請負工事を㈱春山商会と契約
9月		
11月	仮拝殿の解体・移築工事が完了	
12月		
令和4年（2022）		
1月		
3月	雨水排水施設整備工事（第1期）が完了	
4月		重要文化財保存修理事業　令和4年度国庫補助事業が交付決定 重要文化財保存修理事業　令和4年度熊本県補助事業（1）（2）が交付決定 重要文化財保存修理事業　令和4年度阿蘇市補助事業が交付決定 防災施設整備事業　令和4年度国庫補助事業が交付決定 防災施設整備工事の実施設計業務を（公財）文化財建造物保存技術協会と契約
8月		
9月	楼門保存修理工事上棟祭を執行	
10月		
11月		
令和5年（2023）		
1月		
3月	楼門保存修理工事現場の特別見学会を開催／楼門保存修理工事用素屋根解体に着工	
4月	防災施設整備工事に着工	重要文化財保存修理事業　令和5年度国庫補助事業が交付決定 重要文化財保存修理事業　令和5年度熊本県補助事業（1）（2）が交付決定 重要文化財保存修理事業　令和5年度阿蘇市補助事業が交付決定 防災施設整備事業　令和5年度国庫補助事業が交付決定 防災施設整備事業　令和5年度熊本県補助事業（1）（2）が交付決定 防災施設整備工事の設計監理業務を（公財）文化財建造物保存技術協会と契約 防災施設整備の請負工事を㈱九電工と契約 雨水排水施設整備工事（第2期）の実施設計業務を㈱スペックと契約
7月	楼門保存修理工事用素屋根解体が完了 廻廊・旧待合所の解体工事を実施	
8月		
11月		
12月	防災施設整備工事が完了／楼門保存修理工事が完了／楼門保存修理工事の竣功祭を執行	
令和6年（2024）		
1月	透塀の解体工事を実施	
2月		
3月		重要文化財6棟保存修理事業（国・熊本県・阿蘇市）補助事業が完了（見込）
12月	雨水排水施設整備工事（第2期、完了予定） 透塀の再建工事（完了予定）	

※補助事業の請負工事契約業者はいずれも指名競争入札にて選定
※重要文化財保存修理事業の設計監理業者（公益財団法人文化財建造物保存技術協会）は年度毎の契約（平成28年度～令和5年度）
※重要文化財保存修理事業の工事請負業者（清水建設㈱）は第1期、第2期工事毎の契約

文化庁による指導・委員会関係	情報発信
	拝殿の竣工報告、楼門保存修理工事の進捗について報道発表
文化庁調査官による防災施設指導（現地）	
	第2期災害復旧工事（令和3年度版）報告リーフレットの発行 境内に説明パネルを設置
文化庁調査官による指導（現地）	
第12回修理委員会の開催	
第13回修理委員会の開催	
	災害復旧工事の進捗について報道発表
	第2期災害復旧工事（令和4年度版）報告リーフレットの発行 境内に説明パネルを設置
文化庁調査官による指導（現地）	楼門保存修理工事の進捗について報道発表
文化庁調査官による指導（オンライン）	
第14回修理委員会の開催 文化庁調査官による指導（現地）	
第15回修理委員会の開催	
文化庁調査官による指導（オンライン）	楼門保存修理工事用素屋根解体について報道発表
文化庁調査官による防災施設指導（現地）	
第16回修理委員会の開催	楼門保存修理工事（令和5年度版）報告リーフレットの発行
	楼門保存修理工事竣功祭について報道発表
文化庁調査官による楼門竣工確認（現地）	

あとがき

　令和5年12月7日、行政関係者、熊本県内の神社関係者、阿蘇神社氏子代表者、工事関係者、災害復旧事業への支援者等、約260名の参列の下、楼門の竣功祭が厳粛に執行された。ここにおいて熊本地震から約8年に及ぶ阿蘇神社の災害復旧が完了したことが対外的に発信された。

　振り返ると、最初の2年間はその方向性を模索する期間であったといえる。もちろんそこでは阿蘇神社を災害復旧することの意義や理念を示す余裕がなかった。それでも周囲から温かい眼差しが注がれ、多方面から多くの支援が寄せられる状況が続いていた。地震前までホームページさえなかった阿蘇神社にとって、情報発信の弱点は懸案となっていた。手厚い支援への道義性は感じていたものの、それを経過報告する質は決して水準を満たすものではなかったことに忸怩たる思いがあった。

　やがて訪れたコロナ禍は、不謹慎ながらこうした情報発信のあり方を少しずつ見つめ直す時を与えてくれたように思う。すでに復旧工事の進捗を月毎にホームページ上でお知らせしていたが、次への

ステップ、そして終い方についても次第に意識し始めた頃であった。

　阿蘇神社災害復旧事業の特徴は、復旧対象たる阿蘇神社が阿蘇地域最大の信仰拠点でありながら、それが文化財や観光資源にも位置づけられ、様々な文化の発信や地域振興の拠り所とされる環境にあったことだ。つまり歴史に積み上げられた復旧対象が、現代の価値付けにおいて複合的様相を呈しながら展開していった。被災した阿蘇神社の姿は人々にどのように映ったのか。そうした対象を災害復旧する事業関与者も多岐に及んだ。内外ともに多面的な事業環境が形成された故、それを総括することは非常に難しく思えた。

　令和2年の夏、国重要文化財6棟の保存修理工事が着実に進み、出遅れた拝殿の再建工事は地域色を体現するべく県産材を使った取り組みが佳境を迎えていた。両者がかみ合い、災害復旧の終着が明確になりつつあったなか、気が早かったものの、事業を記録して発信するスタイルについて検討を始めた。

　その方向性には2つあった。記録に特化した関係者向けの報告書を作るのか、もうひとつは、これまでの取り組みを広く情報発信する選択肢だった。こうした構想を携えて熊日出版様に相談した次第である。

　そもそもの阿蘇神社の性質を考えたとき、"肥後国一の宮"神社に内包される広域性は、熊本地震災害復旧事業の展開に大きく影響したように思う。結果として後者を選択したが、自然（火山）信仰を基盤とする阿蘇神社が、その自然から受けた災害に取り組む意味も含め、災害復旧事業の諸相を歴史の時間軸を合わせ表現したかった。

　関係各位にはご寄稿や聞き書きにご協力いただいた。さらに新聞社の出版元であったことは、豊富な写真資料の提供をはじめ、本書の作成に有利に働いたように思う。阿蘇神社の被害を外部（報道）の視点でも触れることができ、また関与者の証言を交える手法は、大きな特色といえる。

　正直を申せば、楼門竣功から間断なく本書を出版するために、構想は災害復旧事業の中盤期からスタートしていたが、実際は楼門が竣功する令和5年に入り急ピッチで整えていった次第である。とくにご寄稿いただいた各位には、相応のご負担をおかけし申し訳なく思っている。ここに深謝申し上げたい。

　熊本地震で甚大な被害を受け、見事に復旧を果たした阿蘇神社の姿は何を示したのか。そのテーマを本書はそれなりに提起したつもりである。解釈はそれぞれあろうが、阿蘇神社が災害復旧された意義が、後世の災害対応に少しでも役に立つのであれば望外の喜びである。

　末尾ながらご寄稿や取材に応じてくださった関係各位、本書の編集に誠実に携わっていただいた熊日出版の今坂功氏、さらには平素より災害復旧事業の運営全般にサポートいただいている優和コンサルティングの佐藤善治氏・甲斐明奈氏には、深甚なる感謝を申し上げ、編集後記としたい。

令和5年師走　阿蘇神社災害復旧事業担当
池浦秀隆

阿蘇神社

〒869-2612 熊本県阿蘇市一の宮町宮地3083-1
電話　0967-22-0064
FAX　0967-22-3463

■参拝時間　6:00〜18:00／御札所 9:00〜17:00
■休日　　　無休
■駐車場　　バス4台　普通車110台（30分以内は無料）
　　　　　　隣接して市営駐車場70台（有料）
■アクセス　JR豊肥線宮地駅下車　徒歩15分
　　　　　　バス「阿蘇神社前」下車
　　　　　　九州自動車道　熊本インターより国道57号を
　　　　　　　　　　　　　経由して阿蘇方面へ約60分

阿蘇神社
熊本地震からの復旧に見るその姿

令和6年2月26日　発行

発行　　　　　熊本日日新聞社
文・写真　　　池浦秀隆（阿蘇神社災害復旧事業担当）
　　　　　　　大川畑博文（文化財建造物保存技術協会）
　　　　　　　株式会社優和コンサルティング
編集協力　　　栗原寛志
表紙写真　　　藤田晴一
制作・発売　　熊日出版（熊日サービス開発株式会社　出版部）
　　　　　　　〒860-0827　熊本市中央区世安1-5-1
　　　　　　　TEL 096-361-3274　FAX 096-361-3249
　　　　　　　https://www.kumanichi-sv.co.jp/books/
ブックデザイン　中川哲子デザイン室
印刷　　　　　株式会社城野印刷所

ISBN978-4-87755-657-0　C0036
© 阿蘇神社／熊本日日新聞社 2024 Printed in Japan